THE KEY TO GCSE

FRENCH WRITING SKILLS

DAVID CROSSLAND

PHIL HORSFALL

JOHN MURRAY

© David Crossland and Phil Horsfall 1998

First published in 1998
by John Murray (Publishers) Ltd
50 Albemarle Street
London W1X 4BD

Layouts and design by Nick Crossland
Photographs are reproduced courtesy of Zooom/Rex
Features (page 17), Altitude Y. Arthus Bertrand
(page 70), Nigel Dickinson/Still Pictures (page 79)
and John Newby/Still Pictures (page 80)
Selected clipart from Corel Gallery
Additional illustrations by Tom Hines
Cover design by John Townson, Creation
Printed in Great Britain by St Edmundsbury Press, Bury St Edmunds

A CIP catalogue record for this book is available from the British Library.

ISBN 0 7195 7539 7

The Key to GCSE:
French Writing Skills

This pack aims to prepare your pupils for both the coursework option and the final written examination at GCSE. The task types used, together with the structures exemplified, are based closely on those set out in the various syllabuses and specimen papers by the GCSE boards. Each Area of Experience has eight worksheets devoted to it, four at foundation tier and four at higher tier.

The **foundation tier (F)** worksheets begin on Side A with a piece of writing (*Version de base*) which is broadly typical of what a D grade pupil might be expected to write in terms of structures, vocabulary and ideas, though clearly pupils' work would also include a number of grammatical and spelling errors. These errors have been omitted in order to provide pupils with good models to follow. The pieces of advice for each *version de base* are designed to show pupils four specific ways in which they could upgrade their work. The *Version de luxe* incorporates and highlights these pieces of advice to illustrate what a typical C grade piece of work might look like.

Following the *Version de luxe*, pupils are given on Side B of the worksheet a similar related piece of writing in *version de base* form. They apply the four advice points to this and produce their own *version de luxe*.

This is followed by an *En plus* section which provides extension work on a related grammatical or structural point. The worksheet concludes with a *Vas-y* section consisting of an open-ended task, allowing pupils to produce an autonomous piece of related writing

incorporating what they have learnt from the spread as a whole.

The **higher tier (H)** worksheets follow the same pattern, beginning with a *Version de base* piece of writing which is broadly typical of what a B grade pupil might be expected to write in terms of structures, vocabulary and ideas, though again without any grammatical and spelling errors. The four pieces of advice for each *version de base* show pupils how to upgrade their work. The *Version de luxe* incorporates and highlights these pieces of advice to exemplify what a typical A grade piece of work might look like. Side B continues working towards the *Vas-y* independent writing in the same way as described for the Foundation worksheets.

Although each *version de base* has four pieces of advice, there are of course many other examples of good use of language embedded in them which you may wish to point out to your pupils.

Of course, no single *version de luxe* writing task will guarantee a C or A grade, but if the advice given across all twenty spreads is applied consistently by your pupils, they will be well on their way to achieving good grades.

The pieces of advice occasionally refer to lists of key 'transferable' phrases which have been provided on master sheets for distribution or as OHT masters to display when pupils are tackling the relevant activities. These lists are not meant to be exhaustive, but to give pupils reminders of what they might be able to use.

Contents

—Version de base—

L'appartement de Blandine

Use 'parce que' to explain why

Par exemple:

Je fais mes devoirs ici parce que c'est tranquille.

Ma chambre
Les murs sont bleus et j'ai beaucoup de posters de mon chanteur préféré. Je fais mes devoirs ici.

Le salon
Il y a un canapé et deux fauteuils. J'ai une petite table. Il y a une grande fenêtre et des rideaux. On trouve aussi un petit tapis.

Give details about where

Par exemple:

J'ai une petite table devant la télé.

See list page 89

Use 'leur/leurs' for 'their'

Par exemple:

Leur chambre est à côté de ma chambre.

La chambre de mes parents
La chambre est à côté de ma chambre. Le lit est grand. Ils ont aussi une armoire. Les murs sont verts. C'est leur couleur préférée.

La cuisine
Ici nous avons la grande table. Ma soeur prépare le petit déjeuner, mais mon père prépare le dîner.

Say how often

Par exemple:

D'habitude ma soeur prépare le petit déjeuner.

See list page 89

—Version de luxe—

L'appartement de Blandine

Ma chambre
Dans ma chambre les murs sont bleus et j'ai beaucoup de posters de mon chanteur préféré au mur. Je fais mes devoirs ici sur ma table sous la fenêtre parce que c'est tranquille.

Le salon
Dans le salon il y a un canapé et deux fauteuils. J'ai une petite table devant la télé. Il y a une grande fenêtre et des rideaux. On trouve aussi un petit tapis au milieu du salon.

La chambre de mes parents
Leur chambre est à côté de ma chambre. Leur lit est grand. Ils ont aussi une armoire dans le coin. Leurs murs sont verts, parce que c'est leur couleur préférée.

La cuisine
Ici nous avons la grande table. D'habitude ma soeur prépare le petit déjeuner, mais mon père prépare le dîner tous les jours, parce que ma mère travaille le soir.

─Version de base─

La maison de Martial

Ma chambre
La porte est jaune et j'ai un grand placard. Je joue de la guitare ici.

Le salon
Il y a quatre fauteuils. J'ai une télévision. Nous avons deux fenêtres. J'ai une chaîne hi-fi.

La chambre de mes soeurs
La chambre est en face de la cuisine. Les deux lits sont petits. Elles ont aussi deux armoires. Elles ont des posters de Boyzone.

La cuisine
Ici mes soeurs ont les vélos. Je prépare le petit déjeuner, mais ma mère prépare le dîner.

A toi maintenant.
Ecris une version de luxe.

En plus ...

Give more details of where

Exemple: Leur armoire est .... fenêtre.

Leur armoire est dans le coin, à côté de la fenêtre.

1 Le garage se trouve .... maison.

2 Il y a un jardin .... garage.

3 Dans la salle de bains, leur douche est .... fenêtre.

4 Nous avons une salle à manger .... cuisine.

5 Les W.C. sont .... salle de bains.

6 Les posters sont .... mur.

See list page 89

─Vas-y ...─

Ma maison/Mon appartement.

—Version de base—

> **Try 'se trouve' or 'est situé(e)' as alternatives to 'est'**

Par exemple:

La maison est située dans une vallée qui se trouve près d'un lac.

> **Try 'où on peut + infinitive'**

Par exemple:

... une terrasse où on peut préparer des barbecues.

Venez passer vos vacances dans cette maison superbe!

La situation
La maison est dans une vallée près d'un lac. Ici il y a tous les sports nautiques. La ville est à cinq kilomètres.

La maison
Cette maison, pour six personnes, est sur une route tranquille, dans un grand jardin idéal pour les enfants. Il y a un double-garage et une terrasse pour les barbecues. C'est une belle maison.

Les pièces
Au rez-de-chaussée vous trouvez trois pièces: une cuisine aménagée, avec une porte à la terrasse; une salle de séjour confortable et bien meublée et une salle à manger pour six personnes.

Au premier étage il y a trois chambres. Vous pouvez regarder le lac. Il y a une salle de bains moderne avec douche et baignoire. Toutes les chambres ont un balcon.

Pour avoir plus de renseignements, téléphonez au 02 - 31 - 52 - 64 - 20

> **Use 'le/la plus ...' to describe 'nearest', 'biggest', etc.**

Par exemple:

La ville la plus proche est située à cinq kilomètres.

> **Try using 'qui donne(nt) sur'**

Par exemple:

... une porte qui donne sur la terrasse.

—Version de luxe—

Venez passer vos vacances dans cette maison superbe!

La situation
La maison est située dans une vallée qui se trouve près d'un lac où on peut faire tous les sports nautiques. La ville la plus proche est située à cinq kilomètres.

La maison
Cette maison, pour six personnes, se trouve sur une route tranquille, dans un grand jardin idéal pour les enfants. Il y a un double-garage et une terrasse où on peut préparer les barbecues. C'est la plus belle maison du coin.

Les pièces
Au rez-de-chaussée vous trouvez trois pièces: une cuisine aménagée, avec une porte qui donne sur la terrasse; une salle de séjour confortable et bien meublée et une salle à manger où six personnes peuvent manger.

Au premier étage se trouvent trois chambres qui donnent sur le lac. Il y a une salle de bains moderne avec douche et baignoire. Toutes les chambres ont un balcon qui donne sur le jardin.

Pour avoir plus de renseignements, téléphonez au 02 - 31 - 52 - 64 - 20

—Version de base—

Passez des vacances fantastiques dans cet appartement confortable!

La situation
L'appartement est sur une colline au bord de la mer. Il y a une plage. Les magasins sont à un kilomètre.

La propriété
Cet appartement, pour quatre personnes, est dans la banlieue d'un port de pêche. Il y a un parking derrière l'immeuble, et un balcon. Ici on prend le petit déjeuner au soleil. C'est un joli appartement.

Les pièces
Dans l'appartement vous trouvez cinq pièces: une cuisine moderne avec une porte et un balcon; un salon bien équipé - ici vous pouvez regarder la télévision satellite. A côté de la salle de bains il y a deux chambres. Ici vous pouvez regarder la mer.

Pour avoir plus de renseignements, téléphonez au 02 - 96 - 73 - 01 - 91

A toi maintenant.
Ecris une version de luxe.

En plus ...

Make sentences using 'superlatives'

i.e. talking about 'biggest', 'highest', 'most important' etc.

Par exemple: Le Mont Blanc/haut(e)/montagne/France

Le Mont Blanc est la plus haute montagne de France.

1 La Loire/fleuve/long(ue)/France

....

2 Paris/ville/important(e)/France

....

3 Oxford/université/vieux(vieille)/Angleterre

....

4 l'Australie/grand(e)/île/monde

....

5 Le TGV/train/rapide/France

....

—Vas-y ...—

Fais de la publicité pour ta maison/ton appartement.

—Version de base—

Use 'on peut + infinitive'

Par exemple:

On peut faire des échanges.

Use plenty of adjectives

Par exemple:

Les bâtiments sont modernes, propres et grands.

Le pour...

Il y a beaucoup d'ordinateurs.

On fait des échanges.

Dans ma classe, j'ai beaucoup d'amis.

Les bâtiments sont modernes.

Je joue au basket pour le collège.

... et le contre

Les profs sont stricts.

La journée est trop longue.

Nous portons un uniforme.

Il n'y a pas de piscine.

Nous avons trop de devoirs.

Remember the rules about adjective endings!

Par exemple:

Les profs sont stricts.
La journée est trop longue.

Use 'on' as an alternative to 'nous'

Par exemple:

On porte un uniforme.

—Version de luxe—

Le pour ...	... et le contre
Il y a beaucoup d'ordinateurs.	Les profs sont stricts mais justes.
On peut faire des échanges scolaires.	La journée scolaire est trop longue.
Dans ma classe, j'ai beaucoup de bons amis.	On porte un uniforme horrible.
Les bâtiments sont modernes, propres et grands.	Il n'y a pas de piscine – on ne peut pas faire de la natation à l'école.
On peut jouer au basket pour le collège.	On a trop de devoirs – ils sont difficiles et ennuyeux.

—Version de base———————————

Mon école idéale

> **Mon école idéale**
>
> Les profs sont sympathiques.
> Nous portons un T-shirt et un jean.
> Nous travaillons seulement le matin.
> Il y a une piscine.
> Les devoirs sont faciles.
> Il y a beaucoup de clubs.
> On fait des visites.
> Les salles de classes sont bien équipées.
> Je joue du violon dans l'orchestre.

A toi maintenant.
Ecris une version de luxe.

En plus ...

Remember!

Use '*jouer à*' + sport; use '*jouer de*' + musical instrument

Par exemple: Je .joue..au..basket.. pour l'école et ma soeur ..joue..du..violon.... dans l'orchestre.

1 Je joue .... piano tous les jours.

2 Est-ce que tu joues .... rugby à l'école?

3 Mon copain joue .... clarinette dans l'orchestre.

4 On peut jouer .... dans notre collège.

—Vas-y ...———————————————

Ecris dix phrases: '*Mon collège: les avantages et les inconvénients*'.

—Version de base—

Par exemple:

Think of variations on 'il y aura'

on trouvera, nous verrons, les profs utiliseront

Par exemple:

Use the future tense instead of 'aller'

qui fera des photocopies de la leçon

Par exemple:

Vary how you say this

de nos jours, en ce moment, maintenant, actuellement

See list page 89

L'école de l'avenir

Dans l'école de l'avenir il y aura beaucoup de machines. Par exemple, le tableau noir n'existera pas. Il y aura un tableau électronique qui va faire des photocopies de la leçon. Aujourd'hui il y a un prof par classe, mais avec les écrans-vidéo un professeur va travailler avec deux ou trois classes en même temps. Les profs ne vont pas faire l'appel, parce que les élèves auront une carte à puces. Aujourd'hui l'école commence vers 9 heures et finit vers 15 heures 30. Cela va changer – l'après-midi on va rentrer à la maison pour travailler devant un ordinateur. On surfera le net pour faire les devoirs, et on ne travaillera pas avec des cahiers.

Question – est-ce que l'école de l'avenir sera parfaite? Il y aura peut-être des inconvénients. Par exemple, moins de profs, ça veut dire moins de contact personnel.

Use different negatives e.g. 'Ne ... plus'

Par exemple:

on ne travaillera plus avec des cahiers

See list page 84

—Version de luxe—

L'école de l'avenir

Dans l'école de l'avenir les profs utiliseront beaucoup de machines. Par exemple, le tableau noir n'existera plus. On verra un tableau électronique qui fera des photocopies de la leçon. De nos jours il y a un prof par classe, mais avec les écrans-vidéo un professeur travaillera avec deux ou trois classes en même temps. Les profs ne feront plus l'appel, parce que les élèves auront une carte à puces.

Actuellement l'école commence vers 9 heures et finit vers 15 heures 30. Cela va changer – l'après-midi on rentrera à la maison pour travailler devant un ordinateur. On surfera le net pour faire les devoirs, et on ne travaillera plus avec des cahiers.

Question – est-ce que l'école de l'avenir sera parfaite? On trouvera peut-être des inconvénients. Par exemple, moins de profs, ça veut dire moins de contact personnel.

—Version de base—

Comment sera l'école?

Dans l'école de l'avenir il y aura beaucoup d'informatique. Par exemple, les lettres aux parents n'existeront pas. Il y aura le courrier électronique entre les écoles et les parents. Aujourd'hui il y a des chaises dures dans les salles de classe, mais dans l'avenir il y aura des fauteuils et des vidéos personnels.

Aujourd'hui on fait beaucoup de matières traditionnelles. Cela va changer - on fera des leçons sur les loisirs. On n'apprendra pas l'histoire, on va étudier le tourisme et les médias.

Question – est-ce que l'éducation à l'avenir sera facile? Il y aura peut-être des difficultés. Par exemple, les élèves passeront trop de temps assis devant un écran, et ça, c'est mauvais pour la santé!

A toi maintenant.
Ecris une version de luxe.

En plus ...

Future or present tense?

changer
travailler
utiliser
écrire
faire

Choisis un verbe et complète:

1 En l'an 2050 on n' .... plus de tableaux noirs.

2 Actuellement on .... des lettres à la main.

3 A l'avenir les écoles .... beaucoup.

4 De nos jours les profs .... l'appel.

5 Dans les années à venir nous .... avec des ordinateurs.

—Vas-y ...

Ecris un article: *'Mon école en l'an 2050'*.

—Version de base—

Toad in the hole

Chère Marie-Claude
Tu m'as demandé la recette pour le plat anglais 'Toad in the Hole'. Voici!

Toad in the Hole (pour 4 personnes)
huile (15 ml)
8 saucisses
farine (100 g)
1 oeuf
lait (300 ml)
sel et poivre
(fines herbes)

Fais chauffer l'huile dans un plat – 2/3 minutes. Mets les saucisses dans le plat et fais cuire au four 10 minutes.

Mets la farine dans un bol. Fais un trou dans la farine. Mets l'oeuf et le lait ensemble, puis mets le liquide dans le trou. Fais une pâte avec le liquide et la farine.

Mets du sel et du poivre et des fines herbes si tu veux.

Mets la pâte sur les saucisses. Fais cuire 30-40 minutes à 220 degrés.

C'est délicieux.

Bon appétit!

Anna

Par exemple:
100 grammes de farine

Note how to give quantities

Par exemple:
pendant 2–3 minutes
See list page 89

Use 'pendant' to say for how long

Par exemple:
Bats l'oeuf ... verse la liquide ...

Use a variety of verbs

Par exemple:
C'est délicieux, surtout avec les fines herbes et une salade verte.

Back up your opinions

—Version de luxe—

Toad in the hole

Chère Marie-Claude
Tu m'as demandé la recette pour le plat anglais 'Toad in the Hole'. Voici!

**Toad in the Hole
(pour 4 personnes)**
15 ml d'huile
8 saucisses
100 grammes de farine
1 oeuf
300 ml de lait
sel et poivre
(fines herbes)

Fais chauffer l'huile dans un plat pendant 2-3 minutes. Mets les saucisses dans le plat et fais cuire au four pendant 10 minutes.

Mets la farine dans un bol. Fais un trou dans la farine. Bats l'oeuf et le lait ensemble, puis verse le liquide dans le trou. Mélange le liquide et la farine pour faire une pâte.

Ajoute du sel et du poivre et des fines herbes si tu veux.

Verse la pâte sur les saucisses. Fais cuire pendant 30-40 minutes à 220 degrés.

C'est délicieux, surtout avec les fines herbes et une salade verte.

Bon appétit!

Anna

—Version de base————————————
Les Puddings anglais

Cher Louise,
Voici la recette pour le 'Bread and Butter Pudding'.

Bread and butter pudding
(pour 4-6 personnes)
lait (275 ml)
crème (70 ml)
zeste de citron
sucre (50 g)
3 oeufs
pain beurré (8 tranches)
raisins secs (50 g)
(muscade râpée)
(crème)

Beurre un plat. Coupe les tranches en deux. Mets du pain dans un bol, mets des raisins secs (25 g), mets le reste du pain et des raisins.

Mets le lait avec la crème, le sucre, le zeste de citron. Ensuite mets les oeufs et mélange les deux (1 mn).

Mets le mélange sur le pain et les raisins. Laisse (10 mn), puis fais cuire (30-40 mn) à 180 degrés.

C'est très bon!

Amitiés,
Christophe

A toi maintenant.
Ecris une version de luxe.

En plus ...

| casser |
| nettoyer |
| mettre |
| battre |
| verser |
| faire cuire |
| ajouter |
| râper |
| couper |

Choose the correct verb for each sentence from the list given, and then use the 'tu' command form.

Par exemple: ....Coupe............ du pain en tranches.

1 .... le lait dans un bol.

2 .... du sucre si tu veux.

3 .... du fromage pour mettre sur la pizza.

4 .... 2 oeufs pour faire une omelette.

5 .... les champignons tout de suite.

—Vas-y ...————————————

Choisis un plat typiquement anglais. (par exemple: Yorkshire Pudding, Apple Crumble).
Ecris la recette pour un(e) ami(e).

—Version de base—

Au restaurant

Use 'après avoir + past participle'

Par exemple:

J'ai été malade après avoir pris des moules comme hors d'oeuvre.

Give details of extra symptoms

Par exemple:

J'ai vomi pendant deux jours et j'ai eu mal au ventre.

Use the right pronoun with reflexives

Par exemple:

Je voudrais me plaindre parce que j'ai été malade.

Don't repeat the same phrase twice

Par exemple:

Je suis sûr que vous trouverez la situation inacceptable et j'espère que vous allez nous rembourser.

Madame, Monsieur,

Jeudi dernier j'ai mangé dans votre restaurant avec deux collègues. Je voudrais .... plaindre parce que j'ai été malade – j'ai pris des moules comme hors d'oeuvre.

J'ai vomi pendant deux jours. Mes deux collègues ont été malades aussi. Ils ont eu de la fièvre et ils ne pouvaient pas .... lever.

En plus, la serveuse a renversé une tasse de café sur un de mes collègues – elle a aussi laissé tomber les desserts par terre.

Nous avons pris le menu à 125 francs, et en tout nous avons payé 550 francs. Je suis sûr que vous trouverez la situation inacceptable et je suis sûr que vous allez nous rembourser.

Dans l'attente de vous lire aussitôt que possible.

Charles Desmoines

Charles Desmoines

—Version de luxe—

Au restaurant

Madame, Monsieur,

Jeudi dernier j'ai mangé dans votre restaurant avec deux collègues. Je voudrais me plaindre parce que j'ai été malade après avoir pris des moules comme hors d'oeuvre.

J'ai vomi pendant deux jours et j'ai eu mal au ventre. Mes deux collègues ont été malades aussi. Ils ont eu de la fièvre et ils ne pouvaient pas se lever.

En plus, la serveuse a renversé une tasse de café sur un de mes collègues après avoir laissé tomber les desserts par terre.

Nous avons pris le menu à 125 francs, et en tout nous avons payé 550 francs. Je suis sûr que vous trouverez la situation inacceptable et j'espère que vous allez nous rembourser.

Dans l'attente de vous lire aussitôt que possible.

Charles Desmoines

Charles Desmoines

—Version de base—

A l'aéroport

Madame, Monsieur,

Samedi dernier j'ai voyagé dans l'avion de Paris à Gatwick avec deux amis. Nous voudrions .... plaindre parce que nous avons été malades - nous avons choisi le poisson pour le déjeuner. J'ai eu la diarrhée pendant 24 heures, j'ai eu mal à la tête et je ne pouvais pas .... endormir. Mes amis ont eu mal au coeur.

En plus, l'avion est arrivé à cinq heures - il a quitté Paris en retard.

Nous avons payé le plein tarif pour ce vol. Je suis certain que vous trouverez cette situation honteuse. Je suis certain que vous allez nous rendre notre argent.

Dans l'attente de vous lire aussitôt que possible

Pierre Duvivier

Pierre Duvivier

A toi maintenant.
Ecris une version de luxe.

En plus ...

Express these illnesses in the perfect tense

Par exemple: J'ai mal à l'oreille.
J'ai eu mal à l'oreille.
....
1   Est-ce que tu as mal à la jambe?
....
2   Il est malade.
....
3   Avez-vous mal aux dents?
....
4   J'ai mal à la gorge.
....
5   Elle vomit deux fois.
....

—Vas-y ...—

Tu as traversé la Manche en bateau. Tu as été malade après. Ecris une lettre de réclamation.

—Version de base——————————————

Pour avoir la forme

Give examples!

Mange des fruits et des légumes, par exemple des pommes et des carottes.

Use expressions of quantity

Par exemple:

Ne mange pas trop de frites; fais beaucoup de sport.

See list page 90

10 règles pour avoir la forme
1. Mange des fruits et des légumes
2. Ne mange pas de frites
3. Fais du sport
4. Couche-toi de bonne heure
5. Dors au moins huit heures par nuit
6. Ne fume pas
7. Bois de l'eau
8. Ne bois pas d'alcool
9. Va à pied si possible
10. Ne prends pas la voiture

Vary the way you say things

Par exemple:

Il faut boire de l'eau; on ne doit pas boire d'alcool.

Use 'quel/quelle' to give simple opinions

Par exemple:

Quelle bonne idée!

See list page 85

—Version de luxe——————————————

Pour avoir la forme

10 règles pour avoir la forme
1. Mange des fruits et des légumes, par exemple des pommes et des carottes
2. Ne mange pas trop de frites
3. Fais beaucoup de sport
4. Couche-toi de bonne heure, par exemple avant onze heures du soir
5. Dors au moins huit heures par nuit
6. Tu ne dois pas fumer
7. Il faut boire de l'eau
8. On ne doit pas boire d'alcool
9. Va à pied si possible, par exemple quand il fait beau
10. Ne prends pas la voiture. Quelle bonne idée!

—Version de base—

Une semaine de santé

Joue au tennis
Bois du jus de fruit
Ne mange pas de gâteau au chocolat
Promène ton chien
Fais de la natation
Prends ton vélo
Ne regarde pas la télé
Ouvre la fenêtre
Lève-toi tôt le matin
Ne reste pas au soleil

A toi maintenant.
Ecris une version de luxe.

En plus ...

Use expressions of time!

Exemple: Il faut faire du sport .....*deux ou trois fois par semaine.*.....

1   Il faut boire de l'eau ....

2   Mange des fruits ....

3   Promène ton chien ....

4   Ne reste pas .... au soleil.

5   Ne prends pas la voiture ....

See list page 89

—Vas-y ...—

Fais un poster.

> **Tu es enrhumé?**
> **Voici des conseils!**

—Version de base—

Journal d'un fana de la forme

Par exemple:

Mon meilleur ami et moi, nous sommes allés ensemble au parc ...

Par exemple:

Cela nous a beaucoup plu.

See list page 85

> ### Journal d'un fana de la forme
>
> **dimanche**
> Aujourd'hui je suis allé à la piscine (comme tous les dimanches) et j'ai fait de la natation avec mon ami. C'était bien!
>
> **lundi**
> Quelle journée! Les leçons de maths et d'histoire-géo étaient ennuyeuses, donc le soir je suis allé au parc jouer au tennis.
>
> **mardi**
> Papa a trouvé une nouvelle recette dans un magazine et il a préparé un repas végétarien.
>
> **mercredi**
> On m'a invité à participer à un concours de tennis cet été.

Par exemple:

Il a préparé un repas végétarien qui était délicieux.

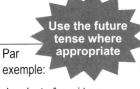

Par exemple:

Je m'entraînerai tous les week-ends.

—Version de luxe—

Journal d'un fana de la forme

> ### Journal d'un fana de la forme
>
> **dimanche**
> Aujourd'hui je suis allé à la piscine (comme tous les dimanches) et j'ai fait de la natation avec mon ami. Cela nous a beaucoup plu.
>
> **lundi**
> Quelle journée! Les leçons de maths et d'histoire-géo étaient ennuyeuses, donc le soir mon meilleur ami et moi, nous sommes allés ensemble au parc jouer au tennis.
>
> **mardi**
> Papa a trouvé une nouvelle recette dans un magazine et il a préparé un repas végétarien qui était délicieux.
>
> **mercredi**
> On m'a invité à participer à un concours de tennis cet été. Cela sera super! Je m'entraînerai tous les week-ends.

—Version de base—

Un week-end sportif

Mon week-end sportif

samedi matin
Ce matin j'ai fait de l'alpinisme. On a fait un pique-nique au sommet de la montagne. C'était super!

samedi après-midi
Quel après-midi affreux! Il a commencé à pleuvoir et je suis descendue du sommet à toute vitesse.

dimanche matin
Tout le monde a aidé à préparer un petit déjeuner anglais.

dimanche après-midi
On m'a invité à faire du canoë-kayak le week-end prochain.

A toi maintenant.
Ecris une version de luxe.

En plus...

Practise the future tense!

Complète:

1 Je .... à un concours de basket l'été prochain.

2 Papa a dit qu'il ne .... plus de tabac.

3 Je .... plus de sport après les examens.

4 On .... en forme si on mange des légumes.

5 Mes copains et moi, nous .... au centre sportif demain.

—Vas-y...—

Ecris 'Le Journal de Monsieur Fitness'.

—Version de base—

Jacques Villeneuve

Jacques Villeneuve est pilote de course. Il est né le 9 avril 1971. Il est né au Canada. Il a une soeur. Il a les yeux bleus.

En 1977 il a quitté le Canada avec ... soeur et ... parents. Il est allé à l'école en Suisse. Maintenant il habite à Monaco. Il n'est pas marié. ... père est mort dans un accident.

■ *Première compétition - 1988 - Italie.*

■ *Formule 3 - champion - première fois - 1992 Japon*

■ *Formule 1 - champion - première fois - 1996 - Allemagne*

'En' or 'au' with countries?

Usually 'en'; occasionally 'au/aux'.

Par exemple:
en Suisse but *au Canada.*

For 'his/her' use 'son, sa, ses'. Which one?

Par exemple:
avec sa soeur

Include other details such as eyes, hair, height, weight

Par exemple:
Il a les cheveux noirs et courts. Il mesure 1m 68 et il pèse 67 kilos. Il est courageux.

Change 'note form' to full sentences

Par exemple:
Sa première compétition a été en 1988, en Italie.

—Version de luxe —

Jacques Villeneuve

Jacques Villeneuve est pilote de course. Il est né le 9 avril 1971. Il est né au Canada. Il a une soeur. Il a les yeux bleus et les cheveux noirs et courts. Il mesure 1m 68 et il pèse 67 kilos . Il est courageux.

En 1977 il a quitté le Canada avec sa soeur et ses parents. Il est allé à l'école en Suisse. Maintenant il habite à Monaco. Il n'est pas marié. Son père est mort dans un accident.

Sa première compétition a été en 1988, en Italie.

Il a été champion de Formule 3 pour la première fois en 1992 au Japon.

Il a été champion de Formule 1 pour la première fois en 1996 en Allemagne.

─Version de base────────────

Une star

> Jody Wain est chanteuse dans le groupe Super Girls. Elle
> est née le 27 mai 1975. Elle est née ... Grande-Bretagne.
> Elle a une soeur qui s'appelle Sara.
>
> Détails: yeux marron; cheveux bruns ...
>
> Famille: Wigan; mère – infirmière; père – ouvrier
>
> Concours de beauté – Londres – 1992
> rôle dans Starlight Express – 1995
> premier numéro 1 – 1996
> tournées partout dans le monde: Etats-Unis, Asie, Australie

A toi maintenant.
Ecris une version de luxe.

En plus ...

'en', 'au' or 'aux' with countries? Check the rules!

Complète:

1 Vanessa Paradis est née .... **F**

2 Liam Neeson est né .... **EIRE**

   mais il habite .... **USA**

3 Claudia Schiffer habite .... **D**

   et elle a aussi une maison .... **E**

4 Ruud Gullit travaille .... **GB**

   mais il est né .... **NL**

5 Neil Kinnock est né .... **CYMRU**

   mais il travaille .... **B**

─Vas-y...──────────────

Fais le portrait de ta star préférée.

—Version de base—

La poubelle de François

Use phrases for stating your opinion

Par exemple:

A mon avis ça prouve qu'il est riche.

See list page 85

Il a mangé trois plats cuisinés pour une personne et il a jeté les paquets dans la poubelle. Il est célibataire.

Use 'peut-être que' to give suggestions

Par exemple:

Peut-être qu'il est célibataire ou peut-être qu'il est divorcé.

Il a bu deux bouteilles de champagne et il a jeté les bouteilles vides. Il est riche.

Il a jeté un carton vide de Sony dans sa poubelle - il a acheté une radio. Il aime la musique.

Use 'venir de + infinitive'

Par exemple:

Il vient de mettre tous ses vieux journaux dans la poubelle.

Il a mis tous ses vieux journaux dans la poubelle. C'est un problème pour l'environnement.

Use alternatives to 'aimer'

Par exemple:

Je crois qu'il trouve la musique intéressante.

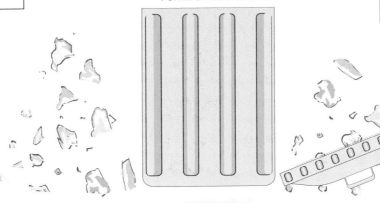

—Version de luxe—

La poubelle de François

Il a mangé trois plats cuisinés pour une personne et il a jeté les paquets dans la poubelle. Peut-être qu'il est célibataire ou peut-être qu'il est divorcé.

Il vient de boire deux bouteilles de champagne et il a jeté les bouteilles vides. A mon avis ça prouve qu'il est riche.

Il a jeté un carton vide de Sony dans sa poubelle - Je pense qu'il vient d'acheter une radio. Je crois qu'il trouve la musique intéressante.

Il vient de mettre tous ses vieux journaux dans la poubelle. A mon avis ça montre qu'il ne s'intéresse pas à l'environnement.

—Version de base—

La poubelle de Françoise

Elle a jeté un paquet vide de cigarettes dans sa poubelle. Elle fume.

Elle a mis trois bouteilles de médicaments vides dans la poubelle. Elle a été malade.

Elle a jeté des boîtes de viande pour des chats et des chiens. Elle aime les animaux.

Elle a mis de vieux vêtements couverts de peinture dans sa poubelle. Elle a décoré la maison.

A toi maintenant.
Ecris une version de luxe.

En plus ...

Change these sentences using 'venir de'

Par exemple: Il a mangé un croissant.

Il vient de manger un croissant.

1   Il a jeté des papiers dans sa poubelle.

2   Elle est allée à la poubelle.

3   J'ai mis le verre cassé dans la poubelle.

4   Ils ont rempli la poubelle de déchets.

5   Il a trouvé la lettre dans la poubelle.

—Vas-y ...—

Invente une personne. Décris ce qu'il y a dans sa poubelle et sa personnalité.

—Version de base—

Cette semaine dans 'The Village'

> **Use words such as 'et' 'mais' 'donc' to make sentences flow**

Par exemple:

Michael joue de la clarinette mais Alicia n'aime pas la musique.

See list page 87

> **Combine two sentences using 'avant de + infinitive'**

Par exemple:

Avant de visiter la maison mystérieuse, Dan téléphone à Libby.

The Village

Lundi

Michael joue de la clarinette. Alicia n'aime pas la musique. Elle critique Michael. Il n'est pas content.

Mardi

Dan téléphone à Libby puis il visite la maison mystérieuse. Bill aime Sara. Sara sort avec un autre garçon.

Mercredi

C'est l'anniversaire de Alex. Lisa prépare un gâteau, puis elle achète une carte et un cadeau pour Alex.

Jeudi

Malcolm est blessé dans un accident. C'est grave.

Vendredi

Josie veut aider Malcolm. Elle a peur.

> **Write a question to ask what's going to happen**

Par exemple:

Est-ce que Malcolm va mourir?

> **Explain who's who**

Par exemple:

Josie, qui est docteur, veut aider Malcolm, son fils.

—Version de luxe—

Cette semaine dans 'The Village'

The Village

Lundi

Michael joue de la clarinette, mais Alicia, sa fiancée, n'aime pas la musique. Donc, elle critique Michael et il n'est pas content.

Mardi

Avant de visiter la maison mystérieuse, Dan téléphone à Libby, sa petite copine. Bill aime Sara, mais Sara sort avec un autre garçon. Qu'est-ce que Bill va faire?

Mercredi

C'est l'anniversaire de Alex. Avant d'acheter une carte et un cadeau pour Alex, Lisa prépare un gâteau.

Jeudi

Malcolm est blessé dans un accident et c'est grave. Est-ce que Malcolm va mourir?

Vendredi

Josie, qui est docteur, veut aider Malcolm, son fils, mais elle a peur.

—Version de base—

Cette semaine dans 'The Club'

THE CLUB

Dimanche

Kevin aime Andie. Andie sort avec Chris. Kev est jaloux.

Mardi

Simon accompagne Joe en ville. Joe achète une bouteille de champagne, puis il va chez Fleur.

Jeudi

Tina vole de l'argent dans la caisse et part en voiture. Mark est fâché. Christina est triste.

Vendredi

Amy va à l'école pour la première fois. Elle a peur. Elle pleure, puis elle quitte la maison.

A toi maintenant.
Ecris une version de luxe.

En plus ...

Combine sentences using 'avant de + infinitive'

Par exemple: Kev frappe Chris. Puis il part.

......Avant de partir, Kev frappe Chris......

1 Alex ouvre ses cadeaux. Puis il coupe son gâteau d'anniversaire.

....

2 Joe donne une bouteille de champagne à Fleur, puis il ferme la porte à clé.

....

3 Amy dit 'au revoir maman', puis elle entre dans la salle de classe.

....

4 Michael ferme les fenêtres et après il joue de la clarinette.

....

—Vas-y ...—

Ecris: Cette semaine dans mon feuilleton préféré.

—Version de base—

La critique d'un film

Use verbs which take 'de + infinitive'

Par exemple:

... qui a décidé de filmer les aventures ...

See list page 82

DICK TRACY

Ce film est réalisé par Warren Beatty qui a filmé les aventures de ce héros de bande dessinée.

Note how to say 'is ...ed'.

Use 'est + present participle', the same as in English.

Il s'agit d'un détective qui chasse un gangster. Sa fiancée et un garçon de 11 ans aident Dick.

Une chanteuse de cabaret (Frisson Mahoney) veut séduire Dick. Madonna joue le rôle de Frisson Mahoney. Elle est excellente dans ce rôle et elle chante trois chansons dans le film. Dustin Hoffman joue un rôle dans le film.

Use adjectives in your reviews. Check the endings.

Par exemple:

Elle est excellente; trois chansons superbes.

C'est un film qui est drôle et aussi plein d'action. Il y a une atmosphère de bande dessinée.

Say what effect it had on you

Par exemple:

... bande dessinée qui m'a beaucoup plu.

—Version de luxe—

La critique d'un film

DICK TRACY

Ce film est réalisé par Warren Beatty qui a décidé de filmer les aventures de ce héros de bande dessinée.

Il s'agit d'un détective courageux qui chasse un gangster méchant. Il est aidé par sa fiancée et un jeune garçon de 11 ans .

Une chanteuse de cabaret (Frisson Mahoney) essaie de séduire Dick. Le rôle de Frisson Mahoney est joué par Madonna. Elle est excellente dans ce rôle et elle chante trois chansons superbes dans le film. Dustin Hoffman joue un rôle comique dans le film, et il m'a beaucoup amusé.

C'est un film qui est drôle et aussi plein d'action. Il y a une atmosphère de bande dessinée qui m'a beaucoup plu.

—Version de base—

'Une vie en Australie'

Michel Gourdon a écrit ce livre. L'auteur raconte le voyage en Australie

d'un héros de guerre qui s'appelle Joe.

Il s'agit d'un pilote qui cherche du travail. Sa femme et son fils l'accompagnent.

Il prend un travail dans une ferme. L'histoire compare sa

vie pendant la guerre et sa vie après.

C'est un roman émouvant. Les personnages sont sympathiques. L'atmosphère d'une ferme dans le désert australien est réaliste.

A toi maintenant.
Ecris une version de luxe.

En plus ...

Give your opinions or feelings

Complete these sentences, giving possible reasons for the statement or saying how you felt.

Par exemple: J'ai aimé le film

J'ai aimé le film parce qu'il est très animé et plein d'atmosphère.

1 J'ai beaucoup aimé la pièce de théâtre

....

2 Ce livre m'a plu

....

3 J'ai détesté ce programme

....

4 Nous avons adoré le concert

....

5 Nous n'avons pas aimé le film

....

See list page 85

—Vas-y ...—

Ecris la critique de ton livre ou de ton film préféré.

—Version de base—

Sondage sur les passe-temps

Use seasons to say when

Par exemple:

En été j'aime le tennis.

1 Quel est ton passe-temps préféré?
J'aime le tennis, et j'adore le badminton.

2 Tu préfères faire du sport ou regarder le sport à la télévision?
Je préfère regarder le sport à la télévision.

Give reasons using 'parce que'

Par exemple:

Je préfère regarder le sport à la télévision parce que je ne suis pas très sportive.

3 Tu regardes combien d'heures de télévision par jour?
Ça dépend. Quelquefois je passe trois heures par jour devant la télé, mais quelquefois c'est peut-être une heure par jour.

Include different tenses in your writing

Par exemple:

Combien de fois es-tu allée au cinéma l'année dernière?

4 Quelle sorte de films préfères-tu?
J'aime surtout les films policiers, mais je regarde aussi les films d'épouvante.

Use 'quand' with weather phrases

Par exemple:

Qu'est-ce que tu aimes faire quand il fait mauvais?

See list page 91

5 Qu'est-ce que tu aimes faire?
Je regarde la télé ou j'écoute de la musique pop dans ma chambre.

6 Combien de fois vas-tu au cinéma par an?
Deux ou trois fois, c'est tout.

—Version de luxe—

Sondage sur les passe-temps

1 Quel est ton passe-temps préféré?
En été j'aime le tennis, et en hiver j'adore le badminton.

2 Tu préfères faire du sport ou regarder le sport à la télévision?
Je préfère regarder le sport à la télévision, parce que je ne suis pas très sportive.

3 Tu regardes combien d'heures de télévision par jour?
Ça dépend. Quand il fait froid en hiver je passe trois heures par jour devant la télé, mais quand il fait beau au printemps et en été c'est peut-être une heure par jour.

4 Quelle sorte de films préfères-tu?
J'aime surtout les films policiers, mais je regarde aussi les films d'épouvante parce qu'ils sont passionnants. Par exemple, j'ai adoré 'Nightmare on Elm Street'.

5 Qu'est-ce que tu aimes faire quand il fait mauvais?
Je regarde la télé ou j'écoute de la musique pop dans ma chambre.

6 Combien de fois es-tu allée au cinéma l'année dernière?
Deux ou trois fois, c'est tout, parce que le cinéma est à 20 km de chez moi.

—Version de base—

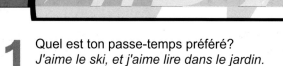

Sondage sur le temps libre

1 Quel est ton passe-temps préféré?
J'aime le ski, et j'aime lire dans le jardin.

2 Tu préfères regarder les films au cinéma ou à la télé?
Je préfère aller au cinéma.

3 Tu passes combien d'heures avec tes copains par semaine?
Ça dépend. Quelquefois je passe tous les soirs avec mes copains en ville, mais quelquefois c'est deux ou trois heures le weekend seulement.

4 Quelle sorte de magazines préfères-tu?
J'adore surtout les magazines sur la pêche, mais je lis aussi des magazines sur la musique pop.

5 Qu'est-ce que tu aimes faire?
Je joue à l'ordinateur dans ma chambre, ou quelquefois je dessine.

6 Tu écoutes la radio combien de fois par semaine?
Deux ou trois fois par semaine seulement.

A toi maintenant.
Ecris une version de luxe.

En plus ...

Make up the questions to go with these answers

Par exemple: J'aime le basket.
Quel sport aimes-tu? OR *Quel est ton sport préféré?*

1 J'aime surtout les feuilletons australiens.

2 J'ai visité la France deux fois.

3 Je ne collectionne rien.

4 Je préfère surtout le jazz.

5 Quand il pleut je joue du piano pendant une heure par jour.

—Vas-y ...—

Invente un sondage sur la musique. Ajoute tes réponses.

—Version de base—

Chère Tante Thérèse ...

Use the conditional (more polite form) if appropriate

Par exemple:

Pourriez-vous aider...

Express agreement and disagreement

Par exemple:

... maman n'est pas d'accord.

See list page 85

Use the construction: 'il est ... de + infinitive'

Par exemple:

Il est impossible de changer ça plus tard

See list page 81

Add a pronoun; and remember its position!

Par exemple:

Je vous conseille d'attendre.

Chère Tante Thérèse

Pouvez-vous aider avec une dispute entre ma mère et moi?

Mes oreilles sont percées et je porte déjà des boucles d'oreille tout le temps. Je veux aussi avoir un anneau dans le nez, mais maman dit non, le directeur du collège aussi. Je ne peux pas accepter cela. Qu'est-ce que vous conseillez?

Répondez vite.

Simon (15 ans)

Cher Simon

Merci de ta lettre. Je n'aime pas l'idée d'avoir quelque chose de permanent sur le corps. On ne peut pas changer ça plus tard. Je crois que ta mère et ton prof ont raison. En plus, il y a beaucoup de popstars qui disent non. Je conseille d'attendre quelques années. Si tu n'as pas changé d'avis à l'âge de 18 ans, vas-y!

Bonne chance!

Tante Thérèse

—Version de luxe—

Chère Tante Thérèse ...

Chère Tante Thérèse

Pourriez-vous m'aider avec une dispute entre ma mère et moi?

Mes oreilles sont percées et je porte déjà des boucles d'oreille tout le temps. Je voudrais aussi avoir un anneau dans le nez, mais maman n'est pas d'accord; le directeur du collège aussi est contre. Il m'est très difficile d'accepter cela. Qu'est-ce que vous me conseillez?

Répondez-moi vite.

Simon (15 ans)

Cher Simon

Merci de ta lettre. Je n'aimerais pas l'idée d'avoir quelque chose de permanent sur le corps. Il est impossible de changer ça plus tard. Je crois que ta mère et ton prof ont raison. En plus il y a beaucoup de popstars qui sont contre. Je te conseille d'attendre quelques années. Si tu n'as pas changé d'avis à l'âge de 18 ans, vas-y!

Bonne chance!

Tante Thérèse

—Version de base—

Tu peux donner des conseils?

Chère amie
Peux-tu aider avec un problème entre mes parents et moi?
Comme tu sais, j'ai déjà les cheveux roses, style anarchique. Je veux aussi avoir des tatouages sur mes bras et mes doigts, comme ma meilleure copine. Mais mes parents disent non. Je ne peux pas accepter cela. Tu peux donner tes conseils?

Réponds vite

Lydie

Chère Lydie

Merci pour ta lettre. Voici mes conseils. Je n'aime pas l'idée des tatouages sur le corps. On peut changer les cheveux, mais pas les tatouages. Alors moi, je dis non! Je crois que tes parents ont raison. Je te conseille de parler avec d'autres amis. S'ils disent oui, vas-y!

A toi maintenant.
Ecris une version de luxe.

En plus ...

Practise using pronouns

Include the pronoun shown in the correct position in each sentence.

Par exemple: Il donne des conseils. (*me*)

..Il me donne des conseils...

1 Peux-tu aider avec un petit problème? (*nous*)

....

2 Je conseille de parler avec tes parents. (*te*)

....

3 Il est possible d'accepter votre invitation. (*me*)

....

4 Vous devez essayer, c'est très bon. (*le*)

....

5 Je vais répondre tout de suite. (*vous*)

....

—Vas-y ...

Ecris une lettre au sujet d'une dispute familiale, et la réponse.

—Version de base—

Un jeu-concours sur le sport

1. Il y a combien de joueurs dans une équipe de basket?

2. Quand est-ce que l'Angleterre (gagne/a gagné) la Coupe du Monde de football?

3. Comment s'appelle le stade de rugby international à Londres?

4. Donne les noms de deux joueurs de tennis français.

5. Qui (perd/a perdu) contre Holywell?

6. Quel sport fait Villeneuve?

7. Où seront les Jeux Olympiques?

8. Un match de hockey sur glace dure combien de minutes?

9. De quelle couleur est le maillot du champion du Tour de France?

10. Une piscine olympique mesure 100 mètres?

Par exemple:

'gagne' ou 'a gagné'?

Par exemple:

'en 2000' ou 'prochains'

Par exemple:

... font Villeneuve et Prost.

Give two examples

Par exemple:

Est-ce qu'une piscine olympique mesure 100 mètres?

Use 'est-ce que' for a yes/no question

—Version de luxe—

Un jeu-concours sur le sport

1. Il y a combien de joueurs dans une équipe de basket?

2. Quand est-ce que l'Angleterre a gagné la Coupe du Monde de football?

3. Comment s'appelle le stade de rugby international à Londres?

4. Donne les noms de deux joueurs de tennis français.

5. Qui a perdu contre Holywell en 1997?

6. Quel sport font Villeneuve et Prost?

7. Où seront les prochains Jeux Olympiques?

8. Un match de hockey sur glace dure combien de minutes?

9. De quelle couleur est le maillot du champion du Tour de France?

10. Est-ce qu'une piscine olympique mesure 100 mètres?

—Version de base—

Un jeu-concours sur la France

 1 Il y a combien de départements en France?

 2 Quand est-ce que l'Angleterre (bat/a battu) la France dans la bataille de Waterloo?

 3 Comment s'appelle la grande tour à Paris?

 4 Donne les noms de deux rivières en France.

 5 Qui est le président de la France?

 6 Quel travail fait Gérard Depardieu?

 7 Quand commencera le Tour de France?

 8 Une traversée de Paris à Londres par le Eurostar dure combien de minutes?

 9 De quelle couleur est le drapeau tricolore (le drapeau français)?

 10 La France est le plus grand pays de l'Europe?

A toi maintenant.
Ecris une version de luxe.

En plus ...

Complète:

1 La fête nationale en France, c'est .... ?

2 .... s'appelle la plus haute montagne en France?

3 .... était l'ami d'Astérix?

4 .... se trouve Flushing Meadow?

5 Richard Whiteley présente .... programme?

Supply the correct question word

See list page 88

—Vas-y ...—

Fais un jeu-concours (par exemple sur la télévision).

—Version de base—

'Avoir' or 'être' ?

Par exemple:

Le prix du pain est monté.

See list page 83

Le 14 juillet

En 1788 il y a eu un mauvais été en France, et le prix du pain (a/est) monté pendant l'hiver. Au printemps en 1789, il (a/est) encore fait mauvais, et la famine (a/est) devenue pire. La situation politique était mauvaise aussi, et en juillet 1789 une grande foule (a/est) attaqué la grande prison qui s'appelait la Bastille à Paris.

Les attaqueurs (ont/sont) entrés dans la Bastille. Les Parisiens (ont/sont) tué les gardiens et ont libéré les prisonniers. Puis ils ont détruit la prison, symbole du pouvoir du roi. Les gens portaient les couleurs de Paris (le rouge et le bleu) – avec le blanc (la couleur royale) cela donne les couleurs du drapeau français qui s'appelle le drapeau tricolore. Aujourd'hui, il n'y a qu'une grande place sur l'emplacement de la prison; le nouvel Opéra de la Bastille est tout près. Les Français célèbrent le 14 juillet – on ne va pas au travail, il y a des défilés militaires et on danse dans les rues, et le soir on peut regarder des feux d'artifice.

Use 'avant de + infinitive'

Par exemple:

Les Parisiens ont tué les gardiens avant de libérer les prisonniers.

Use verbs followed by 'à + infinitive'

Par exemple:

Ils ont commencé à détruire la prison.

See list page 82

Use 'à cause de' to say 'because of'

Par exemple:

A cause de la révolution en 1789, les Français célèbrent le 14 juillet.

—Version de luxe—

Le 14 juillet

En 1788 il y a eu un mauvais été en France, et à cause du mauvais temps le prix du pain est monté pendant l'hiver. Au printemps en 1789, il a encore fait mauvais, et la famine est

devenue pire. La situation politique était mauvaise aussi, et en juillet 1789 une grande foule a attaqué la grande prison qui s'appelait la Bastille à Paris. Les attaqueurs ont réussi à entrer dans la Bastille. Les Parisiens ont tué les gardiens avant de libérer les prisonniers. Puis ils ont commencé à détruire la prison, symbole du pouvoir du roi. Les gens portaient les couleurs de Paris (le rouge et le bleu) – avec le blanc (la couleur

royale) cela donne les couleurs du drapeau français qui s'appelle le drapeau tricolore. Aujourd'hui, il n'y a qu'une grande place sur l'emplacement de la prison; le nouvel Opéra de la Bastille est tout près. A cause de la révolution en 1789, les Français continuent à célébrer le 14 juillet – on ne va pas au travail, il y a des défilés militaires, on danse dans les rues et le soir on peut regarder des feux d'artifice avant de se coucher.

—Version de base———————————

Le 5 novembre

Le 5 novembre

En 1605 Robert Catesby (a/est) mené un groupe d'hommes catholiques. Ils voulaient tuer le roi James le premier, et comme ça les catholiques pouvaient gouverner l'Angleterre. Ils voulaient faire un tunnel sous le parlement, le remplir de poudre à canon, et tuer tout le monde. Ils (ont/sont) trouvé une vieille cave à charbon sous le parlement, où ils (ont/sont) caché 36 barils de poudre à canon. Guy Fawkes (a/est) descendu dans la cave.

Mais Lord Monteagle (a/est) reçu une lettre anonyme. Il n'(a/est) pas allé au parlement le 5 novembre. Il (a/est) averti les autorités, et les gardiens ont trouvé Guy Fawkes dans la cave. On l'(a/est) torturé pour découvrir l'identité des autres hommes, et on l'a tué. Les amis du roi ont célébré en faisant des feux et en brûlant l'effigie de Guy Fawkes. Aujourd'hui, le soir du cinq novembre, on peut voir des feux d'artifice.

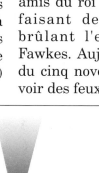

A toi maintenant.
Ecris une version de luxe.

En plus ...

Take care with être verbs in the perfect tense

Par exemple: Elle (*monter*) dans le bus.

Elle est montée dans le bus.

1   Plusieurs gardiens (*mourir*) dans la Bastille.

2   Beaucoup de Parisiens (*venir*) attaquer la Bastille.

3   Guy Fawkes (*naître*) à York.

4   La Bastille (*tomber*) en 1789.

5   Elles (*sortir*) voir les feux d'artifice.

—Vas-y ...———————————————

Décris un événement historique ou religieux.

—Version de base—

Sondage sur ta ville

- Qu'est-ce que tu aimes dans ta ville?
- Il y a une arcade de jeux-vidéos et de jeux électroniques. C'est super.

- Qu'est-ce que tu n'aimes pas dans ta ville?
- Il y a des papiers et des bouteilles dans les rues. C'est très sale.

- Qu'est-ce que tu voudrais changer?
- Je n'aime pas les voitures et les camions. Je voudrais avoir des arbres et des cinémas, mais pas de graffiti sur les murs.

- Qu'est-ce que tu as fait pendant ta dernière visite en ville?
- Vêtements, pizza, arcade de jeux-vidéos.

- Quelles sortes de problèmes y a-t-il?
- Il y a de la violence. Il y a du bruit.

Par exemple:

Il y a trop de papiers et de bouteilles dans les rues.

See list page 90

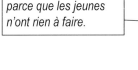

Par exemple:

Il y a de la violence parce que les jeunes n'ont rien à faire.

Par exemple:

Je pense que/je trouve que ...

See list page 85

Par exemple:

J'ai acheté des vêtements ...

—Version de luxe—

Sondage sur ta ville

- Qu'est-ce que tu aimes dans ta ville?
- Il y a une arcade de jeux-vidéos et de jeux électroniques. Je pense que c'est super.

- Qu'est-ce que tu n'aimes pas dans ta ville?
- Il y a trop de papiers et de bouteilles dans les rues. Je trouve que c'est très sale.

- Qu'est-ce que tu voudrais changer?
- Je n'aime pas trop de voitures et de camions. J'aimerais avoir plus d'arbres et de cinémas, mais moins de graffiti sur les murs.

- Qu'est-ce que tu as fait pendant ta dernière visite en ville?
- J'ai acheté des vêtements, puis j'ai mangé une pizza, et après je suis allé à l'arcade de jeux-vidéos.

- Quelles sortes de problèmes y a-t-il?
- Il y a trop de violence parce que les jeunes n'ont rien à faire. Je trouve qu'il y a beaucoup de bruit avec les voitures.

—Version de base—

Sondage sur ta région

- Qu'est-ce que tu aimes dans ta région?
- Il y a un grand centre commercial avec des magasins modernes. C'est agréable.

- Qu'est-ce que tu n'aimes pas dans ta région?
- La ville a des touristes. Il y a du bruit.

- Qu'est-ce que tu voudrais changer?
- Je voudrais des autobus pour les jeunes. Je voudrais des parcs, mais pas de pollution.

- Qu'est-ce que tu as visité récemment dans la région?
- Rivière, café, disco.

- Quelles sortes d'avantages y a-t-il?
- Il n'y a pas de crime. Il y a des autoroutes.

A toi maintenant.
Ecris une version de luxe.

En plus ...

Use expressions of quantity

Use expressions of quantity to describe your home town/area.

1 Il y a ....

2 Je voudrais voir ....

3 Il n'y a pas ....

4 La région/ville a ....

5 La région/ville n'a pas ....

See list page 90

—Vas-y ...—

Choisis cinq questions sur ta ville/région et écris tes réponses.

—Version de base—

Use the future tense

Par exemple:

Vous ferez ...
vous continuerez ...

Use 'commencer par + infinitive'

Par exemple:

Vous commencerez par regarder une belle collection ...

Mardi
D'abord vous allez visiter la forêt de Sherwood. Ici habitait Robin des Bois. Vous allez faire une promenade dans ce bois célèbre. Ensuite, vous allez continuer votre excursion, et vous allez voir une exposition interactive. Après votre pique-nique, vous allez faire du tir à l'arc.

Mercredi
D'abord vous allez regarder une belle collection de trains à vapeur et d'autobus près de Ruddington. Vous pouvez acheter des souvenirs. L'après-midi vous allez visiter la petite maison de D H Lawrence, un auteur célèbre.

Jeudi
Vous allez passer toute la journée dans la ville de Nottingham. Vous allez choisir entre la patinoire et le bowling, et l'après-midi vous allez être libres pour acheter vos souvenirs au centre-ville. Finalement vous pouvez regarder un match de foot à Nottingham Forest.

Add 'si ça vous intéresse' if there is a choice

Par exemple:

Vous ferez du tir à l'arc si ça vous intéresse.

Join sentences together - here use 'où'

Par exemple:

... la ville de Nottingham, où vous choisirez entre la patinoire et le bowling.

—Version de luxe—

Mardi
D'abord vous visiterez la forêt de Sherwood où habitait Robin des Bois. Vous ferez une promenade dans ce bois célèbre. Ensuite, vous continuerez votre excursion, et vous verrez une exposition interactive. Après votre pique-nique, vous ferez du tir à l'arc si ça vous intéresse.

Mercredi
Vous commencerez par regarder une belle collection de trains à vapeur et d'autobus près de Ruddington où vous pourrez acheter des souvenirs. L'après-midi vous visiterez la petite maison de D H Lawrence, un auteur célèbre.

Jeudi
Vous passerez toute la journée dans la ville de Nottingham, où vous choisirez entre la patinoire et le bowling, et l'après-midi vous serez libres pour acheter vos souvenirs au centre-ville. Finalement vous pourrez regarder un match de foot à Nottingham Forest si ça vous intéresse.

—Version de base—

Programme pour un groupe de visiteurs

Mercredi
D'abord vous allez visiter la ville de York. Ici habitait Guy Fawkes. Vous allez faire une promenade sur les vieux remparts et après votre pique-nique vous pourrez voir le musée historique des Vikings.

Jeudi
D'abord vous allez regarder un film sur l'écran géant du musée du cinéma de Bradford. Vous pouvez aussi vous rendre au musée de la photographie. L'après-midi vous allez visiter la maison des soeurs Brontë, des auteurs célèbres.

Vendredi
Vous allez passer toute la journée au bord de la mer. Le matin vous allez choisir entre la plage et l'abbaye de Whitby. Ici habitait le Captain Cook. L'après-midi vous allez traverser à pied le pont énorme sur le Humber. Finalement vous allez faire un tour à Hull. Ici vous pourrez acheter des souvenirs.

A toi maintenant.
Ecris une version de luxe.

En plus ...	Circle six of the French adjectives in this worksheet. Use them to describe places in your local area.
 Practise using adjectives	Par exemple: Le musée d'Eureka à Halifax est un musée interactif.

—Vas-y …—

Ecris un programme touristique pour un groupe scolaire à ta région.

—Version de base—

Use points of the compass

Par exemple:

J'habite à Driffield dans le nord-est de l' Angleterre.

Make longer sentences

Par exemple:

J'aime ça parce que je peux camper dans le jardin.

See list page 87

Le climat chez moi en été

J'habite à Driffield en Angleterre. Dans ma région en été il fait assez beau et il ne pleut pas beaucoup. J'aime ça. Je peux camper dans le jardin, et ma famille aime les barbecues.

Mais voici la météo pour demain – froid, vent, orages plus tard. Mes activités pour demain – rester à la maison et ranger ma chambre.

L'année dernière, je suis allée à Perpignan en France. Là en été il fait plus chaud. C'est moins agréable. Le soleil est trop fort.

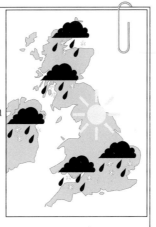

Use 'aller + infinitive' for the future

Par exemple:

Il va faire froid.

Compared with what?

Par exemple:

Il fait plus chaud qu'en Angleterre.

—Version de luxe—

Le climat chez moi en été

J'habite à Driffield dans le nord-est de l'Angleterre. Dans ma région en été il fait assez beau et il ne pleut pas beaucoup. J'aime ça parce que je peux camper dans le jardin et ma famille aime les barbecues.

Mais voici la météo pour demain – il va faire froid, il va faire du vent, et il va y avoir des orages plus tard. Mes activités pour demain – je vais rester à la maison et je vais ranger ma chambre.

L'année dernière, je suis allée à Perpignan dans le sud de la France. Là en été il fait plus chaud qu'en Angleterre mais c'est moins agréable que chez moi parce que le soleil est trop fort.

French Writing Skills   © John Murray

—Version de base—

Le climat chez moi en hiver

Le climat chez moi en hiver

J'habite à Grenoble en France.
Dans ma région en hiver il fait
très froid et il neige beaucoup.

J'aime ça. Je peux faire du
toboggan et quelquefois le
collège est fermé.

Mais voici la météo pour
demain – brouillard, pluie plus tard. Mes activités pour
demain – aller en ville, film, pizza.

L'année dernière je suis allé à Edimbourg. Là en hiver il fait
moins froid. C'est plus humide. Il pleut trop.

A toi maintenant.
Ecris une version de luxe.

En plus ...

Compare these places using 'plus' or 'moins'

Par exemple: *sud, France, été, chaud, Norvège*

   Dans le sud de la France en été il fait plus chaud qu'en Norvège.

1 *nord, Ecosse, hiver, froid, Espagne*

2 *ouest, France, automne, beau, Grèce*

3 *nord, Espagne, été, orageux, Algérie*

4 *sud-est, Angleterre, printemps, agréable, hiver*

—Vas-y ...—

Décris le climat chez toi au printemps. Compare ce climat avec le climat d'une autre région.

—Version de base—
Pour avoir un chien heureux

Use pronouns to avoid repetition

Par exemple:

Il faut le promener au moins deux fois par jour.

Write a full sentence using 'ne doit pas'

Par exemple:

Il ne doit pas manger de gâteaux ni de chocolats.

Use different negative forms

Par exemple:

Ne donnez jamais de médicaments ...

See list page 84

Use phrases with 'si' to be more precise

Par exemple:

... même s'il pleut.

1 Votre chien a besoin de beaucoup d'exercice. Il faut promener votre chien au moins deux fois par jour.

2 Votre chien n'a pas besoin de trop de nourriture. Pour un petit chien, un repas par jour est idéal. Attention! Pas de gâteaux, pas de chocolats!

3 Ne laissez pas votre chien enfermé dans une voiture.

4 Gardez votre chien propre. Il faut brosser votre chien souvent. Quelquefois il faut baigner votre chien.

5 Protégez votre chien contre les maladies. Il a besoin de vaccins quand il est jeune. Ne donnez pas de médicaments sans consulter le vétérinaire.

—Version de luxe—
Pour avoir un chien heureux

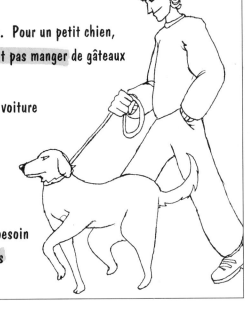

1 Votre chien a besoin de beaucoup d'exercice. Il faut le promener au moins deux fois par jour, même s'il pleut.

2 Votre chien n'a pas besoin de trop de nourriture. Pour un petit chien, un repas par jour est idéal. Attention! Il ne doit pas manger de gâteaux ni de chocolats.

3 Ne laissez jamais votre chien enfermé dans une voiture surtout si le soleil brille.

4 Gardez votre chien propre. Il faut le brosser souvent. Quelquefois il faut le baigner s'il a joué dans la boue.

5 Protégez votre chien contre les maladies. Il a besoin de vaccins quand il est jeune. Ne donnez jamais de médicaments sans consulter le vétérinaire.

──Version de base──

Les animaux et les enfants

Un animal a besoin de beaucoup de soins.
Il faut caresser votre animal tous les jours.

Il faut nourrir votre animal régulièrement.

Votre animal n'a pas besoin de trop de
nourriture. Attention! Pas de bonbons
– c'est mauvais pour la santé.

Ne laissez pas votre animal avec
un petit bébé.

Les enfants doivent aider à
soigner les animaux.

Ne mangez pas sans vous laver
les mains.

A toi maintenant.
Ecris une version de luxe.

En plus ...

Make sentences using 'si ...'

Par exemple: Votre animal peut tomber malade si ....

Votre animal peut tomber malade s'il mange des bonbons.

1 Si .... il faut aller chez le vétérinaire.

....

2 Il ne faut pas avoir un animal domestique si ....

....

3 Ne laissez jamais votre animal à la maison si ....

....

4 Les animaux peuvent causer des accidents si ....

....

──Vas-y ...──

Fais un poster qui s'appelle: Les animaux et les vacances.

—Version de base—

Pour trouver mon appartement

Be precise about distances and times

Par exemple:

Il est à huit kilomètres de l'autoroute.

See list page 89

Use words to join sentences or make them flow

Par exemple:

Ensuite continuez pendant quatre kilomètres.

See list page 87

Vary the verbs

Par exemple:

Au deuxième carrefour tournez à gauche ...

Remember 'ce' 'cet' 'cette' for 'this'

Par exemple:

Cette rue s'appelle rue du Maréchal Foch.

> ### Pour trouver mon appartement
>
> Voici comment trouver mon appartement. Il est près de l'autoroute.
>
> Quittez l'autoroute A13 (direction Paris) à la sortie 16. Prenez la direction Pacy. Allez pendant quatre kilomètres.
>
> Au deuxième carrefour allez à gauche et allez jusqu'au pont. Juste après le pont, prenez la première rue à droite. Juste après le magasin de meubles, allez à droite. La rue s'appelle rue du Maréchal Foch. Mon appartement est dans l'immeuble au bout de la rue, en face de l'église.
>
> Ce n'est pas loin.

—Version de luxe—

Pour trouver mon appartement

> ### Pour trouver mon appartement
>
> Voici comment trouver mon appartement. Il est à huit kilomètres de l'autoroute.
>
> Quittez l'autoroute A13 (direction Paris) à la sortie 16, puis prenez la direction Pacy. Ensuite continuez pendant quatre kilomètres.
>
> Au deuxième carrefour tournez à gauche et continuez jusqu'au pont. Juste après ce pont, prenez la première rue à droite, et finalement juste après le magasin de meubles, allez à droite. Cette rue s'appelle rue du Maréchal Foch et mon appartement est dans l'immeuble au bout de cette rue, en face de l'église.
>
> Nous sommes à quinze minutes de l'autoroute – ce n'est pas loin.

—Version de base—

Pour trouver notre collège

> ### *Pour trouver notre collège ...*
>
> *Voici comment trouver notre collège. Il est près de la RN 11.*
>
> *Sur la route, direction nord, il y a un rond-point. Prenez la direction centre-ville, 200 mètres.*
>
> *Au premier feu rouge, allez à droite et allez jusqu'à la station-service Esso. Après la station-service, prenez la deuxième rue à gauche et juste avant l'hôtel de ville, allez à droite. Le boulevard s'appelle Bd. de la Paix. Notre collège est là. Il y a un grand parking.*

A toi maintenant.
Ecris une version de luxe.

En plus ...	Complete these instructions, using each verb from the list once:

allez
continuez
arrivez
prenez
traversez
tournez

Pour aller au stade, ... la première rue à droite et

.... jusqu'à l'hôpital. Puis, ... à gauche et

.... le carrefour. Après les feux, vous .... tout

droit et vous .... bientôt à la place Voltaire.

—Vas-y ...—

Donne les directions pour trouver ta maison ou ton collège.

—Version de base—

Pour aller de Londres à Paris

Use comparatives

Par exemple:

C'est plus relaxant que l'avion.

Compare past and present using the imperfect

Par exemple:

Au passé, l'avion était beaucoup plus rapide ...

Pour aller de Londres à Paris

Il y a au moins deux méthodes principales pour aller de Londres à Paris rapidement. Vous avez le choix entre l'avion et le train. Voici d'abord les avantages du train. Il est moins cher que l'avion; il part du centre de Londres et arrive au centre de Paris; on peut prendre beaucoup de bagages, et c'est relaxant parce qu'on peut regarder la campagne et on peut se promener dans le train. En plus, les trains sont sûrs quand il fait mauvais.

L'avion est rapide et pratique, mais maintenant on a le tunnel sous la Manche. Les voyages durent moins de trois heures aujourd'hui.

Voici finalement les inconvénients du train. Il est facile de garer votre voiture à l'aéroport. Un avion ne s'arrête pas en route. Mais comme vous voyez, à mon avis le train est pratique et agréable.

Remember how to say 'let's do something'

Par exemple:

Examinons d'abord les avantages du train.

Use 'après avoir/être' + past participle

Par exemple:

Après avoir décollé, un avion ne s'arrête pas en route.

—Version de luxe—

Pour aller de Londres à Paris

Pour aller de Londres à Paris

Il y a au moins deux méthodes principales pour aller de Londres à Paris rapidement. Vous avez le choix entre l'avion et le train. Examinons d'abord les avantages du train. Il est moins cher que l'avion; il part du centre de Londres et arrive au centre de Paris; on peut prendre beaucoup de bagages, et après être parti c'est plus relaxant que l'avion parce qu'on peut regarder la campagne et on peut se promener dans le train. En plus, les trains sont plus sûrs que les avions quand il fait mauvais.

Au passé, l'avion était beaucoup plus rapide et pratique, mais maintenant on a le tunnel sous la Manche. Les voyages qui duraient plus de six heures avant durent moins de trois heures aujourd'hui.

Considérons finalement les inconvénients du train. Il est plus facile de garer votre voiture à l'aéroport qu'au centre de Londres. Après avoir décollé, un avion ne s'arrête pas en route. Mais comme vous voyez, à mon avis le train est beaucoup plus pratique et plus agréable que l'avion.

—Version de base—

Pour traverser la Manche

Il y a au moins deux méthodes principales pour traverser la Manche. Vous avez le choix entre le bateau et le train sous la Manche. Voici d'abord les avantages du bateau. Il est probablement moins cher que le tunnel. C'est intéressant parce qu'on peut se promener et manger dans les restaurants à bord. C'est pittoresque parce qu'on peut regarder la mer.

Les bateaux sont assez lents, mais maintenant on a les grands ferrys de luxe. Les voyages durent moins de 75 minutes aujourd'hui.

Voici finalement les inconvénients du bateau. Il est lent. Le tunnel est sûr quand il y a un orage. Vous ne pouvez pas retourner à votre voiture. Le train est tranquille, confortable et on n'a pas de mal de mer. Comme vous voyez, à mon avis le bateau est relaxant et intéressant, mais le train est rapide et sûr par tous les temps.

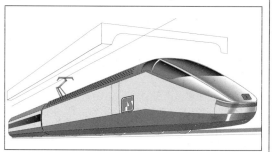

A toi maintenant.
Ecris une version de luxe.

En plus ...	
 **Imperfect or present?**	Par exemple:

Maintenant l'essence coûte très cher, mais avant 1973 l'essence ne (*coûter*) pas cher.

Maintenant l'essence coûte très cher, mais avant 1973

l'essence ne coûtait pas cher.

1   De nos jours, les voitures (*rouler*) plus vite qu'avant.

2   Tous les cars neufs aujourd'hui (*avoir*) des ceintures de sécurité.

3   Avant la guerre il n'y (*avoir*) pas d'autoroutes.

4   Avant l'ouverture du tunnel les hommes d'affaires (*voyager*) toujours en avion.

5   Depuis l'invention de l'avion, il (*être*) très facile de voyager partout dans le monde.

—Vas-y ...—

Fais la comparaison entre deux méthodes de transport.

—Version de base—

Shopping de Noël à Brighton

Use 'tout/toute/tous/toutes' where appropriate

Par exemple:

Tous les magasins sont ouverts de 9h à 22h.

Shopping de Noël à Brighton
16 – 17 décembre

Les magasins sont ouverts de 9h à 22h

Cadeaux de Noël

Use the 'command' form of the verb

Par exemple:

Achetez vos cadeaux de Noël.

Use 'Vous pouvez + infinitive'

Par exemple:

Vous pouvez prendre le dîner à l'hôtel ou en ville.

16 décembre
13h00	Embarquement et traversée, Dieppe–Newhaven
18h00	Arrivée à l'hôtel – chambres avec douche, télévision-couleur et sèche-cheveux
19h00	Dîner
21h30	Concert devant l'église catholique

17 décembre
9h00	Matinée libre – Shopping en ville
12h00	Déjeuner, temps libre
14h00	Visite à un centre commercial
18h30	Embarquement et traversée, Newhaven–Dieppe au retour provisions hors taxes à bord
23h30	Arrivée à Dieppe

Use 'si + a weather phrase' to give alternatives

Par exemple:

S'il fait mauvais, le concert est dans l'église.

See list page 91

—Version de luxe—

Shopping de Noël à Brighton

Shopping de Noël à Brighton
16 – 17 décembre

Tous les magasins sont ouverts de 9h à 22h

Achetez tous vos cadeaux de Noël

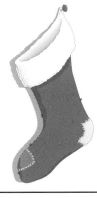

16 décembre
13h00	Embarquement et traversée, Dieppe–Newhaven.
18h00	Arrivée à l'hôtel. Toutes les chambres ont une douche, la télévision-couleur et un sèche-cheveux.
19h00	Vous pouvez prendre le dîner à l'hôtel ou en ville.
21h30	Concert devant l'église catholique. S'il fait mauvais, le concert est dans l'église.

17 décembre
9h00	Matinée libre – Shopping en ville. Visitez tous les magasins du centre ville.
12h00	Déjeuner. S'il fait assez chaud, vous pouvez faire une promenade près de la mer.
14h00	Visite à un centre commercial. Vous pouvez acheter des spécialités anglaises et des vêtements bon marché.
18h30	Embarquement et traversée, Newhaven–Dieppe. Au retour achetez toutes vos provisions hors taxes à bord.
23h30	Arrivée à Dieppe.

—Version de base—

Shopping à Londres
18 – 19 juin

Souvenirs de Londres

Les boutiques sont ouvertes de 9h à 20h

18 juin

12h Paris–Londres (par le tunnel)
15h Arrivée à l'hôtel
16h Libre – shopping
20h Dîner
21h Promenade guidée

19 juin

9h Shopping –
   Marché de Covent Garden
13h Pique-nique dans Hyde Park
14h Musée de Madame Tussaud
17h Retour; Londres–Paris.
   Dîner dans le train
21h Arrivée à Paris

A toi maintenant.
Ecris une version de luxe.

En plus …	Use these simple words or phrases in full sentences.
Write full sentences	1 petit déjeuner .... 2 visite guidée .... 3 après-midi libre .... 4 château ....

—Vas-y …—

Fais un programme pour une excursion de shopping dans ta ville.

—Version de base—

Dialogue avant de faire les achats

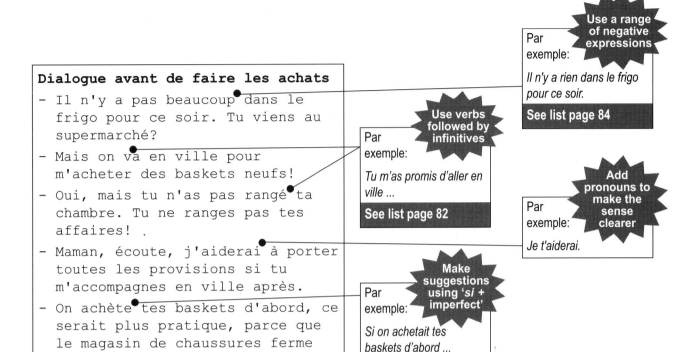

Dialogue avant de faire les achats
- Il n'y a pas beaucoup dans le frigo pour ce soir. Tu viens au supermarché?
- Mais on va en ville pour m'acheter des baskets neufs!
- Oui, mais tu n'as pas rangé ta chambre. Tu ne ranges pas tes affaires!
- Maman, écoute, j'aiderai à porter toutes les provisions si tu m'accompagnes en ville après.
- On achète tes baskets d'abord, ce serait plus pratique, parce que le magasin de chaussures ferme dans une heure, et après tu peux aider avec les provisions.
- D'accord. Allons-y.

Par exemple: **Use a range of negative expressions**
Il n'y a rien dans le frigo pour ce soir.
See list page 84

Par exemple: **Use verbs followed by infinitives**
Tu m'as promis d'aller en ville ...
See list page 82

Par exemple: **Add pronouns to make the sense clearer**
Je t'aiderai.

Par exemple: **Make suggestions using 'si + imperfect'**
Si on achetait tes baskets d'abord ...

—Version de luxe—

Dialogue avant de faire les achats

Dialogue avant de faire les achats
- Il n'y a rien dans le frigo pour ce soir. Si on allait au supermarché?
- Mais tu m'as promis d'aller en ville pour m'acheter des baskets neufs!
- Oui, mais je t'ai demandé de ranger ta chambre. Tu ne ranges jamais tes affaires!
- Maman, écoute, je t'aiderai à porter toutes les provisions si tu promets de m'accompagner en ville après.
- Si on achetait tes baskets d'abord, ce serait plus pratique, parce que le magasin de chaussures ferme dans une heure, et après tu peux m'aider avec les provisions.
- D'accord. Allons-y.

—Version de base————————————

Dialogue avant de sortir

> **Dialogue avant de sortir**
> - Il n'y a pas beaucoup à la télé ce soir. On va au cinéma?
> - Mais tu dois faire tes devoirs.
> - Mais maman, tu n'as pas acheté un nouveau stylo. Tu ne fais pas ce que tu dis!
> - Ecoute, je trouverai un stylo si tu fais tes devoirs maintenant.
> - On téléphone au cinéma pour réserver deux places pour plus tard. Cela te va? Et après, tu peux aider avec les devoirs, s'il te plaît?
> - D'accord.

A toi maintenant.
Ecris une version de luxe.

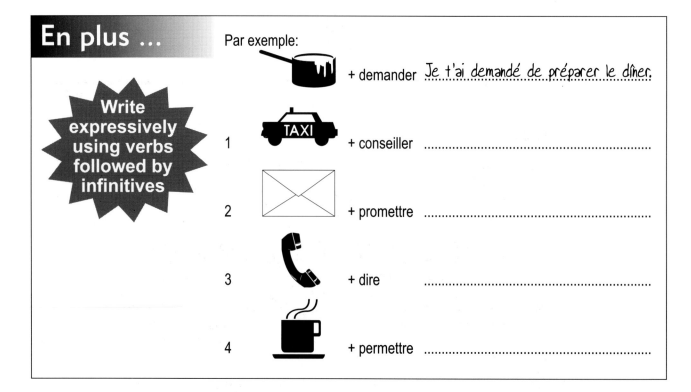

En plus ...

Par exemple:

+ demander *Je t'ai demandé de préparer le dîner.*

Write expressively using verbs followed by infinitives

1   TAXI   + conseiller ....

2   + promettre ....

3   + dire ....

4   + permettre ....

—Vas-y ...————————————

Ecris 'Un dialogue avant de manger'.

—Version de base——————

Le programme

MICKLESEA COMPREHENSIVE SCHOOL
présente
Une journée française
samedi 14 juillet

pour vous et les parents

- programme -

9h30 petit déjeuner français (cantine)
Goûtez des croissants ou des pains au chocolat.

10h45 pièce de théâtre (gymnase)
Des élèves jouent dans des pièces en français facile.
Il y a quatre pièces.

11h30 concours de boules (derrière gymnase)
Visitez les trois terrains de boules. Il y a cinq beaux prix.

13h00 pique-nique sur l'herbe
Achetez des sandwichs au café français. Il y a aussi des crêpes.
Achetez une boisson froide ici.

14h00 concert de musique française (terrain de foot)
L'orchestre joue une sélection de musique classique et pop.
Il y a des places sur l'herbe ou sous les arbres.

Remember constructions with 'avoir'

Par exemple:
Si vous avez faim ...
See list page 86

Add 'à + infinitive'

Par exemple:
Il y a quatre pièces à voir.

Use 'notre/nos' and 'votre/vos'

Par exemple:
Notre orchestre joue une sélection ...

Ask a question using 'déjà + perfect tense'

Par exemple:
Vous avez déja mangé un pique-nique français?

—Version de luxe——————

Le programme

MICKLESEA COMPREHENSIVE SCHOOL
présente
Une journée française
samedi 14 juillet

pour vous et vos parents

- programme -

9h30 petit déjeuner français (cantine)
Si vous avez faim goûtez nos croissants
ou nos pains au chocolat.

10h45 pièce de théâtre (gymnase)
Nos élèves jouent dans des pièces en
français facile. Il y a quatre pièces à voir.

11h30 concours de boules (derrière gymnase)
Vous avez déjà joué aux boules? Visitez
nos trois terrains de boules. Il y a cinq
beaux prix à gagner.

13h00 pique-nique sur l'herbe
Achetez vos sandwichs au café français.
Vous avez déjà mangé des spécialités
françaises? Il y a aussi des crêpes
à manger. Vous avez soif? Achetez votre
boisson froide ici.

14h00 concert de musique française (terrain de foot)
Notre orchestre joue une sélection de
musique classique et pop. Il y a des
places sur l'herbe ou si vous avez chaud
sous les arbres.

—Version de base————————————

St. Mark's High School

présente

Une soirée française

samedi 14 juillet – pour vous et la famille

19h00
buffet froid (cantine)
Goûtez des spécialités françaises, par exemple du saucisson et des tartes aux fruits.

20h00
vidéo de l'échange en France (salle 30)
Regardez des élèves anglais à Bourges - c'est une ville où il y a beaucoup de choses.

20h30
les fromages de France (salle 31)
Visitez les quatre tables – il y a vingt fromages différents. Achetez un verre de vin.

21h00
chansons de la Bretagne
(cour, près gymnase)
La chorale chante des chansons traditionnelles. Nous avons des places dans la cour et dans le gymnase.

21h30
grand spectacle
Il y a des feux d'artifice sur le terrain de foot.

A toi maintenant.
Ecris une version de luxe.

En plus ...

Practise using 'déjà' with the perfect tense

Par exemple: Tu .... la France? (*visiter*)
             Tu as déjà visité la France?
....

1   J'.......... une dizaine de fromages. (*goûter*)

....

2   Tu .... les petites pièces comiques? (*voir*)

....

3   Nous .... nos devoirs. (*faire*)

....

4   Vous .... les crêpes? (*préparer*)

....

5   Tu .... de la musique française? (*entendre*)

....

—Vas-y ...————————————————

Prépare un poster pour une matinée française à ton école.

—Version de base—

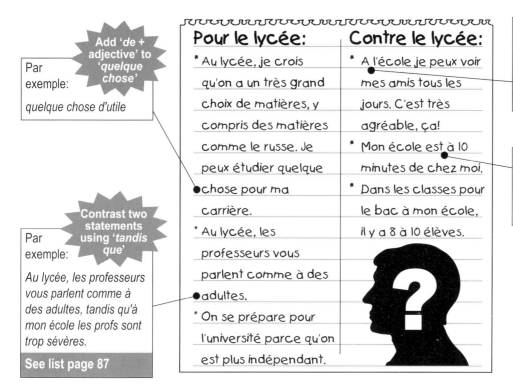

Add 'de + adjective' to 'quelque chose'

Par exemple:

quelque chose d'utile

Contrast two statements using 'tandis que'

Par exemple:

Au lycée, les professeurs vous parlent comme à des adultes, tandis qu'à mon école les profs sont trop sévères.

See list page 87

Pour le lycée:

* Au lycée, je crois qu'on a un très grand choix de matières, y compris des matières comme le russe. Je peux étudier quelque chose pour ma carrière.
* Au lycée, les professeurs vous parlent comme à des adultes.
* On se prépare pour l'université parce qu'on est plus indépendant.

Contre le lycée:

* A l'école je peux voir mes amis tous les jours. C'est très agréable, ça!
* Mon école est à 10 minutes de chez moi.
* Dans les classes pour le bac à mon école, il y a 8 à 10 élèves.

Use 'en + present participle'

Par exemple:

En restant à l'école je peux voir mes amis tous les jours.

Use 'ne ... que' to mean 'only'

Par exemple:

Mon école n'est qu'à 10 minutes de chez moi.

—Version de luxe—

Pour le lycée:

* Au lycée, je crois qu'on a un très grand choix de matières, y compris des matières comme le russe. Je peux étudier quelque chose d'utile pour ma carrière.
* Au lycée, les professeurs vous parlent comme à des adultes, tandis qu'à mon école les profs sont trop sévères.
* En allant au lycée, on se prépare pour l'université parce qu'on est plus indépendant.

Contre le lycée:

* En restant à l'école je peux voir mes amis tous les jours. C'est quelque chose de très agréable, ça!
* Mon école n'est qu'à 10 minutes de chez moi, tandis que le lycée est situé à une dizaine de kilomètres.
* Dans les classes pour le bac à mon école, il n'y a que 8 à 10 élèves, tandis qu'au lycée les classes sont beaucoup plus grandes.

—Version de base————

Rester au collège après 16 ans ou travailler?

Pour le collège:	Contre le collège:
* Au collège, je crois qu'on peut étudier beaucoup de matières intéressantes. Je peux apprendre quelque chose comme par exemple la sociologie.	* Au travail, on gagne de l'argent. C'est très nécessaire, ça!
	* L'usine où je veux travailler est à 200 mètres de chez moi.
* Au collège on connaît très bien le système.	* Au collège il y a de vieux ordinateurs.
* Il est plus facile d'avoir un bon emploi plus tard dans la vie.	

A toi maintenant.
Ecris une version de luxe.

En plus ...

Join sentences together

Join the sentences together using 'en' plus a present participle.

Par exemple: J'écoute mon walkman. Je fais mes devoirs.

J'écoute mon walkman en faisant mes devoirs.

1   Je gagne de l'argent. Je travaille sur un ordinateur.

2   A l'école on apprend beaucoup. On écoute les profs.

3   J'ai eu une bonne note en anglais. J'ai étudié tous les soirs.

4   Elle a appris le français. Elle a habité pendant cinq ans à Paris.

5   J'ai trouvé du travail. J'ai cherché dans le journal.

—Vas-y ...————

Dois-je avoir un petit emploi à 16 ans?

—Version de base—

On cherche du travail en France

> **Cherche jeune** homme/ jeune fille au pair pour s'occuper de 2 enfants (3 et 6 ans) + quelques tâches ménagères; juillet et août. Ecrivez à Mme Leroi, 14 av. du Maréchal Foch, 14 Caen

Bristol, le 17 mars

Madame

Je m'appelle Karen Winter. J'ai seize ans. Je voudrais travailler comme jeune fille au pair.

J'aime les enfants. Je fais du babysitting pour mes voisins. J'apprends le français à l'école et j'ai visité la France deux fois.

Je suis libre en juillet et août.

Au revoir.

Karen Winter

Use set phrases for a formal letter

Je vous écris parce que ...

See list page 92

Invent more reasons

Par exemple:

J'ai un petit frère à la maison, et je fais souvent le ménage pour mes parents.

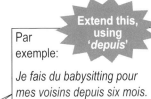

Par exemple:

Extend this, using 'depuis'

Je fais du babysitting pour mes voisins depuis six mois.

Be precise about dates!

Par exemple:

Je suis libre du 4 juillet au 31 août.

—Version de luxe—

On cherche du travail en France

Bristol, le 17 mars

Madame,

Je m'appelle Karen Winter. J'ai seize ans. Je vous écris parce que je voudrais travailler comme jeune fille au pair. J'aime les enfants: j'ai un petit frère à la maison, et je fais souvent le ménage pour mes parents.

Je fais du babysitting pour mes voisins depuis six mois, et j'apprends le français à l'école depuis quatre ans. J'ai visité la France deux fois avec mes parents, en 1995 et en 1997. Je suis libre du 4 juillet au 31 août.

Je vous prie, Madame, d'agréer l'expression de mes sentiments distingués.

Karen Winter

—Version de base———————

Du travail pendant les vacances

COLONIE DE VACANCES
cherche jeune homme/jeune
fille pour s'occuper de groupes
d'enfants (8–12 ans) et faire le
ménage; fin juillet–fin août.
Ecrire à Monsieur Guillot
J.Christophe, Colonie Au Bon
Abri, 29 DOUARNENEZ

Newcastle, le 9 avril

Monsieur,

Je m'appelle Gary Burton et j'ai 16 ans.

Je voudrais travailler dans votre colonie de
vacances. J'aime les jeunes. A la maison je
fais la vaisselle tous les soirs.

J'apprends le français au collège.

Je suis libre cet été.

A bientôt.

Gary Burton

A toi maintenant.
Ecris une version de luxe.

En plus ...

Practise using 'depuis'

Complète:

1   Mon ami joue au basket ....

2   Je vais à mon collège ....

3   Nous habitons ici ....

4   J'apprends les sciences ....

—Vas-y ...———————————

Ecris ta réponse à cette annonce:

Cherche jeune homme/femme
pour travail dans un hôtel/
restaurant cet été. Ecrivez à
Mme Lambert, Hôtel-Restaurant
des Rochers, 06 - NICE

—Version de base———————

Mon travail dans un hôtel français

> **Use 'y' to avoid repeating the place**

Par exemple:

J'y ai passé sept semaines.

> **Give more than one example**

Par exemple:

Je faisais les lits et je travaillais dans la cuisine.

> **Cherche jeune** homme/femme pour travail dans un hôtel/ restaurant cet été. Ecrivez à Mme Lambert, Hôtel-Restaurant des Rochers, 06 - NICE

Pendant les grandes vacances j'ai travaillé dans un hôtel en France. J'ai passé sept semaines dans l'hôtel. C'était pas mal. J'ai gagné beaucoup d'argent et il y avait une piscine, mais je n'ai pas aimé nettoyer les chambres. J'ai aussi fait de la cuisine française.

J'ai commencé le huit juillet. Tous les jours je faisais les lits. Le patron n'était pas sympa, mais les autres employés étaient gentils. Pendant mes heures libres je nageais dans la baie, et un jour j'ai fait du bateau dans la baie.

Je peux recommander cette expérience parce qu'on est indépendant et on parle français.

> **Use 'apprendre à + infinitive'**

Par exemple:

J'ai appris à faire la cuisine française.

See list page 82

> **Use imperfect/ perfect to add another example**

Par exemple:

Je bronzais aussi sur la plage, et un weekend je suis allé à Paris.

—Version de luxe———————

Mon travail dans un hôtel français

> **Cherche jeune** homme/femme pour travail dans un hôtel/ restaurant cet été. Ecrivez à Mme Lambert, Hôtel-Restaurant des Rochers, 06 - NICE

Pendant les grandes vacances j'ai travaillé dans un hôtel en France. J'y ai passé sept semaines. C'était pas mal. J'ai gagné beaucoup d'argent et il y avait une piscine, mais je n'ai pas aimé nettoyer les chambres. J'ai aussi appris à faire la cuisine française.

J'ai commencé le huit juillet. Tous les jours je faisais les lits et je travaillais dans la cuisine. Le patron n'était pas sympa, mais les autres employés étaient gentils. Pendant mes heures libres je nageais dans la baie, et un jour j'y ai fait du bateau. Je bronzais aussi sur la plage, et un weekend je suis allé à Paris.

Je peux recommander cette expérience parce qu'on est indépendant et on apprend à parler français.

—Version de base—

Mon travail comme au pair

Cherche jeune homme/ jeune fille au pair pour s'occuper de 2 enfants (3 et 6 ans) + quelque tâches ménagères; juillet et août. Ecrivez à Mme Leroi, 14 av. du Maréchal Foch, 14 Caen

Pendant les grandes vacances j'ai travaillé en France. J'ai passé sept semaines en France chez une famille française avec deux jeunes enfants. C'était assez bien. Nous avons visité beaucoup d'endroits intéressants, mais je n'ai pas aimé les tâches ménagères. J'ai aussi fait de la planche à voile.

J'ai commencé le 6 juillet. Tous les jours je jouais avec les enfants. Les deux parents étaient gentils. Pendant mon temps libre j'allais en ville et un jour j'ai rencontré des jeunes français en ville.

Je peux recommander cette expérience parce qu'on est loin des parents et on apprécie la vie française.

A toi maintenant.
Ecris une version de luxe.

En plus ...

Imperfect or perfect tense here?

Complète:

1   Quand je (*être*) en France je (*sortir*) tous les jours sauf le dernier jour où je (*rester*) à la maison et je (*faire*) mes valises.

....

....

2   Quand je (*habiter*) à Londres nous (*aller*) toujours en vacances à Bournemouth, sauf en 1990 quand nous (*passer*) un mois aux Etats-Unis.

....

....

—Vas-y ...—

Décris ton travail à la colonie de vacances.

COLONIE DE VACANCES cherche jeune homme/jeune fille pour s'occuper de groupes d'enfants (8–12 ans) et faire le ménage; fin juillet–fin août Ecrire à Monsieur Guillot J-Christophe, Colonie Au Bon Abri, 29 DOUARNENEZ

—Version de base—

Un stage en Angleterre

Improve this using 'tu vas + infinitive'

Par exemple:

Tu vas travailler dans une station-service.

Be more precise, using 'beaucoup de/d'...'

Par exemple:

... beaucoup de choses différentes.

See list page 90

Chère Armelle

Je t'écris pour te donner des détails sur ton stage en Angleterre. Tu travailles dans une station-service. Le propriétaire est notre voisin.

Tu commences le dimanche 10 juillet et tu finis le 23 juillet. Chaque jour tu travailles entre midi et 19h.

Tu fais beaucoup. Par exemple, tu vends l'essence et tu sers dans le petit magasin. Quelquefois tu aides avec le lavage automatique. Tu ne gagnes pas beaucoup. Mais tu peux utiliser un vélomoteur sans payer si tu veux.

Tu ne travailles pas le matin, alors nous pouvons visiter beaucoup dans la région.

Réponds-moi vite

Jo

Find ways of checking arrangements are OK

Par exemple:

Ça va?

Suggest something extra for your penfriend to remember

Par exemple:

N'oublie pas ton casque.

—Version de luxe—

Un stage en Angleterre

Chère Armelle

Je t'écris pour te donner des détails sur ton stage en Angleterre. Tu vas travailler dans une station-service. Le propriétaire est notre voisin.

Tu vas commencer le dimanche 10 juillet et tu vas finir le 23 juillet. Chaque jour tu vas travailler entre midi et 19h. Ça va?

Tu vas faire beaucoup de choses différentes. Par exemple, tu vas vendre l'essence et tu vas servir dans le petit magasin. Quelquefois tu vas aider avec le lavage automatique. Tu es d'accord? Tu ne vas pas gagner beaucoup d'argent. Mais tu peux utiliser un vélomoteur sans payer si tu veux. N'oublie pas ton casque.

Tu ne vas pas travailler le matin, alors nous pourrons visiter beaucoup d'endroits dans la région. Apporte ton appareil-photo.

J'espère que tu vas aimer le stage.

Réponds-moi vite

Jo

—Version de base—

Un stage en Irlande du Nord

> Cher Hakim
>
> Je t'écris avec les détails sur ton stage dans mon pays.
>
> Tu travailles dans une boulangerie. La propriétaire est ma tante.
>
> Tu arrives le lundi 11 juillet et tu finis le 24 juillet. Tu aides dans le magasin chaque matin entre 6h30 et 12h. Tu apprends beaucoup. Par exemple, tu prépares le pain dans le four et tu fais des sandwichs pour les clients. Après, tu ranges la cuisine.
>
> Tu travailles beaucoup, et on te paie £18 par jour. L'après-midi on peut aller à la piscine si tu veux. Tu es libre le dimanche, alors nous pouvons faire beaucoup.
>
> Ecris-moi bientôt
>
> Siobhan

A toi maintenant.
Ecris une version de luxe.

En plus …

Explain why

Continue these sentences, giving a reason why.

Par exemple: Apporte ton short

...*Apporte ton short parce qu'il va faire beau.*..............

1   N'oublie pas ton imperméable

....

2   Tu dois apporter ton permis de conduire

....

3   Apporte un cadeau pour papa

....

4   N'oublie pas ton appareil-photo

....

—Vas-y …—

'*Un stage dans ta ville*'. Ecris une lettre à ton ami(e) français(e).

—Version de base—

Use the perfect tense of 'pouvoir/devoir'

Par exemple:

Un jour j'ai dû surveiller les enfants dans la piscine.

Add pronouns like 'me' or 'lui'

Par exemple:

Je voudrais lui écrire.

Expand by using 'tout ce que'

Par exemple:

J'ai beaucoup apprécié tout ce que vous avez fait pour moi.

Ask questions using inversion

Par exemple:

Pouvez-vous aussi dire merci à Madame Béranger?

A Monsieur Dupont
Directeur du centre sportif

Monsieur

Je vous écris pour vous remercier de votre accueil pendant mon séjour. J'ai beaucoup apprécié tout. C'était très varié – un jour j'ai surveillé les enfants dans la piscine. Une autre fois j'ai travaillé dans le bar. J'ai trouvé cela très intéressant parce que j'ai rencontré beaucoup de gens.

Vous pouvez aussi dire merci à Madame Béranger? Elle a aidé beaucoup parce qu'elle a donné des conseils pratiques. Elle a toujours mon adresse? Elle a dit que son fils cherche un correspondant britannique et je voudrais écrire.

Comme vous savez, je suis resté chez Monsieur et Madame Robin. Les repas étaient délicieux et j'ai beaucoup aimé tout.

Merci mille fois encore. Je vous prie, Monsieur, d'agréer l'expression de mes sentiments les meilleurs.

John Taylor

—Version de luxe—

A Monsieur Dupont
Directeur du centre sportif

Monsieur

Je vous écris pour vous remercier de votre accueil pendant mon séjour. J'ai beaucoup apprécié tout ce que vous avez fait pour moi. C'était très varié – un jour j'ai dû surveiller les enfants dans la piscine. Une autre fois j'ai pu travailler dans le bar. J'ai trouvé cela très intéressant parce que j'ai rencontré beaucoup de gens.

Pouvez-vous aussi dire merci à Madame Béranger de ma part? Elle m'a aidé beaucoup parce qu'elle m'a donné des conseils pratiques. A-t-elle toujours mon adresse? Elle m'a dit que son fils cherche un correspondant britannique et je voudrais lui écrire.

Comme vous savez, je suis resté chez Monsieur et Madame Robin. Les repas étaient délicieux et j'ai beaucoup aimé tout ce que j'ai mangé et bu.

Merci mille fois encore. Je vous prie, Monsieur, d'agréer l'expression de mes sentiments les meilleurs.

John Taylor

French Writing Skills

—Version de base—

La lettre de Gemma

> **A Madame Gilbert**
> **Directrice de l'usine Colbert**
>
> Madame,
> Je vous écris pour vous dire merci de votre hospitalité pendant mon stage. J'ai beaucoup aimé tout. C'était très varié. Un jour j'ai aidé votre secrétaire. J'ai écrit des lettres en anglais pour elle. Une autre fois j'ai travaillé à la réception. J'ai trouvé cela très utile parce que j'ai parlé beaucoup de français.
>
> Vous pourriez aussi remercier M. Roux de ma part? Il a parlé beaucoup de français. Il aime les pralinés? Il a dit que je pourrais écrire et je voudrais envoyer un petit cadeau.
>
> Comme vous savez, le soir je suis allée à plusieurs concerts en ville. Les programmes étaient excellents et j'ai apprécié tout.
>
> Merci mille fois encore. Je vous prie, Madame, d'agréer l'expression de mes sentiments les meilleurs.
>
> *Gemma Elliot*

A toi maintenant.
Ecris une version de luxe.

En plus ...	Par exemple: Elle joue au tennis.

Joue-t-elle au tennis?

Make these statements into questions using inversion

1 Tu as écrit à Madame Gilbert.

2 Elle a bien aimé le concert.

3 Vous voulez me parler en anglais.

4 Il cherche un correspondant britannique.

5 Elle mange à la cantine de l'usine.

—Vas-y ...—

Ecris une lettre pour dire merci après une visite ou un stage.

—Version de base———

Un bureau moderne ... à la maison!

> **Use adverbs where possible**

Par exemple:

Actuellement vous avez ...

> **Try more formal language**

Par exemple:

Je trouve que cela n'est plus acceptable.

> **Remember 'tous/toutes'**

Par exemple:

tous les documents et toutes les lettres

> **Give your opinion more strongly**

Par exemple:

Je suis persuadé que votre travail ...

See list page 85

See list page 92

Monsieur/Madame

En réponse à votre demande, voici des idées sur comment transformer et moderniser votre bureau.

● Vous avez deux vieilles machines à écrire et un téléphone.
● C'est nul. Voici les trois choses essentielles pour un bureau dans la maison. Elles sont fantastiques. Il y a:

■ un ordinateur avec imprimante en couleurs.
● Les documents et les lettres sont bien présentées, et on peut changer le texte. En plus on peut garder les documents sur disquette, donc il n'y a pas besoin de garder beaucoup de papiers. C'est pratique.

■ un répondeur avec fax et modem. Avec le répondeur/fax on peut recevoir des messages vingt-quatre heures sur vingt-quatre. Avec le modem, on peut envoyer les messages par ordinateur partout dans le monde.

■ un scanner. Cela permet des copies exactes de vos photos.

A mon avis, on peut moderniser votre bureau. Il faut considérer ces trois idées. ● Votre travail sera plus facile et plus agréable.

● A bientôt.

Jean Dupré

—Version de luxe———

Un bureau moderne ... à la maison!

Monsieur/Madame

En réponse à votre demande, voici des idées sur comment transformer et moderniser votre bureau.

Actuellement, vous avez deux vieilles machines à écrire et un téléphone. Je trouve que cela n'est plus acceptable. Voici les trois choses essentielles pour un bureau dans la maison. Je suis persuadé qu'elles vous aideront dans votre travail à la maison. Elles sont fantastiques. Il y a:

■ un ordinateur avec imprimante en couleurs. Tous les documents et toutes les lettres sont bien présentées, et on peut changer le texte immédiatement. En plus on peut garder tous les documents sur disquette, donc il n'y a pas besoin de garder beaucoup de papiers. C'est vraiment pratique.

■ un répondeur avec fax et modem. Avec le répondeur on peut recevoir facilement des messages vingt-quatre heures sur vingt-quatre. Avec le modem, on peut envoyer instantanément les messages par ordinateur partout dans le monde.

■ un scanner. Cela permet d'obtenir facilement des copies exactes de toutes vos photos.

A mon avis, il faut absolument moderniser votre bureau. Je vous recommande de considérer ces trois idées. Je suis persuadé que votre travail sera plus facile et plus agréable.

Veuillez agréer l'expression de mes sentiments distingués.

Jean Dupré

French Writing Skills

—Version de base—

> Monsieur/Madame
>
> Je vous écris pour vous parler de l'importance de la technologie pour notre collège.
>
> Dans notre salle de classe d'anglais nous avons un tableau noir et des posters. C'est moche. La semaine dernière je suis allé dans un collège en Grande Bretagne et là j'ai vu la salle de classe de l'avenir. C'était cool.
>
> Il y avait:
>
> • un ordinateur sur chaque table. Les ordinateurs sont liés à l'Internet. Cela veut dire que les élèves peuvent surfer l'Internet pour trouver de l'information. Les leçons sont plus utiles.
>
> • un tableau blanc avec un rétroprojecteur. Le prof peut utiliser des activités préparées à l'avance. Avec le tableau blanc le prof peut écrire avec des couleurs.
>
> • un magnétoscope et des walkmans. Cela permet d'écouter de vrais Anglais et pas le professeur.
>
> A mon avis on peut moderniser notre salle de classe. Il faut utiliser cette technologie. Nos leçons seront plus intéressantes.
>
> Ecrivez-moi bientôt.
>
> *Magali Laroche*

A toi maintenant.
Ecris une version de luxe.

En plus ...

Fill in the correct hi-tech word in French

Par exemple:

Avec un ....*modem*................ on peut envoyer rapidement des messages par ordinateur.

1　La .... permet de cliquer facilement sur le bon symbole sur l'écran.

2　Je suis persuadé que l'................................. est actuellement une matière scolaire très importante.

3　On tape sur le .... de l'ordinateur pour écrire tous les documents.

4　Il faut sauver les .... avant de fermer l'ordinateur.

5　On peut sauver ses documents sur disque dur ou sur

　　................................. .

—Vas-y ...—

Ecris une lettre sur une maison moderne.

—Version de base—

Une lettre à un hôtel

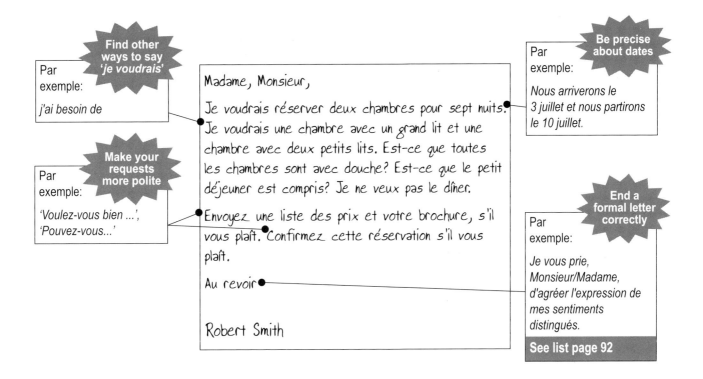

Find other ways to say 'je voudrais'

Par exemple:

j'ai besoin de

Make your requests more polite

Par exemple:

'Voulez-vous bien ...', 'Pouvez-vous...'

Madame, Monsieur,

Je voudrais réserver deux chambres pour sept nuits. Je voudrais une chambre avec un grand lit et une chambre avec deux petits lits. Est-ce que toutes les chambres sont avec douche? Est-ce que le petit déjeuner est compris? Je ne veux pas le dîner.

Envoyez une liste des prix et votre brochure, s'il vous plaît. Confirmez cette réservation s'il vous plaît.

Au revoir

Robert Smith

Be precise about dates

Par exemple:

Nous arriverons le 3 juillet et nous partirons le 10 juillet.

End a formal letter correctly

Par exemple:

Je vous prie, Monsieur/Madame, d'agréer l'expression de mes sentiments distingués.

See list page 92

—Version de luxe—

Une lettre à un hôtel

Madame, Monsieur,

Je vous écris pour réserver deux chambres pour sept nuits. Nous arriverons le trois juillet et nous partirons le dix juillet. J'ai besoin d'une chambre avec un grand lit et une chambre avec deux petits lits. Est-ce que toutes les chambres sont avec douche? Est-ce que le petit déjeuner est compris? Nous n'avons pas besoin du dîner.

Voulez-vous bien m'envoyer une liste des prix et votre brochure, s'il vous plaît? Pouvez-vous confirmer cette réservation s'il vous plaît?

Je vous prie, Monsieur/Madame, d'agréer l'expression de mes sentiments distingués

Robert Smith

—Version de base—

Une lettre à un camping

> Madame, Monsieur,
>
> Je voudrais réserver un emplacement pour quatre personnes pour trois nuits. Je voudrais un emplacement pour une caravane et une petite tente. Est-ce que tous les emplacements sont avec prise de courant? Je ne veux pas un emplacement à l'ombre.
>
> Ecrivez avec des détails sur la région et des renseignements sur votre camping. Téléphonez ou faxez une réponse le plus tôt possible.
>
> Salut!
>
> Sophie Green

A toi maintenant.
Ecris une version de luxe.

En plus ...

Complète les dates.

Remember just to put 'le' with your dates

1 Je vous écris aujourd'hui ....

2 J'ai reçu votre confirmation ....

3 Les grandes vacances commencent ....

4 Je reste cinq jours – j'arrive ....
   et je pars ....

5 J'ai besoin d'une chambre ....

—Vas-y ...——

Ecris une lettre de réservation à une auberge de jeunesse.

—Version de base

Conseils pour les jeunes voyageurs

Conseils pour les jeunes voyageurs

- *Cherchez beaucoup de brochures dans les agences de voyages.*

- *Ne prenez pas trop de vêtements. L'idéal, c'est des vêtements en coton.*

- *Réservez bien à l'avance. Comme ça vous pouvez faire des économies pour votre voyage.*

- *Il faut prendre des médicaments.*

- *Prenez des chèques de voyage en dollars américains.*

- *Téléphonez à vos parents.*

Par exemple:

Cherchez beaucoup de brochures dans les agences de voyages pour avoir des idées.

> **Use 'pour + infinitive' to explain why**

Par exemple:

L'idéal, c'est des vêtements en coton que vous pouvez acheter moins cher à votre destination.

> **Use 'que' to add further description**

Par exemple:

Il faut prendre des médicaments dans votre sac à dos, par exemple du sparadrap et de la crème antiseptique.

> **Add more details**

Par exemple:

Pendant votre voyage, téléphonez à vos parents de temps en temps.

> **Say when**

See list page 89

—Version de luxe

Conseils pour les jeunes voyageurs

Conseils pour les jeunes voyageurs

- *Cherchez beaucoup de brochures dans les agences de voyages pour avoir des idées.*

- *Ne prenez pas trop de vêtements. L'idéal, c'est des vêtements en coton que vous pouvez acheter moins cher à votre destination.*

- *Réservez bien à l'avance. Comme ça vous pouvez faire des économies pour votre voyage.*

- *Il faut prendre des médicaments dans votre sac à dos, par exemple du sparadrap et de la crème antiseptique.*

- *Prenez des chèques de voyage en dollars américains que vous pouvez changer partout dans le monde.*

- *Pendant le voyage, téléphonez à vos parents de temps en temps pour dire que tout va bien.*

—Version de base——————————

 # Vous faites le tour du monde?
Voici mes conseils!

• Si vous voyagez avec quelqu'un, choisissez bien votre partenaire!

• Renseignez-vous sur les différents pays.

• Il faut photocopier tous vos documents importants.

• Si possible, arrivez dans un pays étranger avec de la monnaie.

• Ne gardez pas votre argent et vos documents dans votre poche.

• Dans votre sac à dos il faut des médicaments.

A toi maintenant.
Ecris une version de luxe.

En plus ...

Extend sentences to give extra details or to explain why

Complète:

1 Arrivez à l'aéroport deux heures en avance pour ....
....

2 Achetez un bon sac à dos que vous ....
....

3 Attention à votre argent, que vous ....
....

4 Gardez les pièces de monnaie pour ....
....

5 N'oubliez pas les médicaments pour ....
....

—Vas-y ...——————————

Ecris: *Des conseils pour les jeunes campeurs.*

—Version de base—

Le Québec

> **Say how long ago using 'il y a'**
>
> Par exemple:
>
> *Ma tante a visité Montréal, la capitale, avec mon cousin, il y a deux ans.*
>
> See list page 89

> **Include another person to make the verbs plural**
>
> Par exemple:
>
> *Ma tante et mon cousin ont aimé les musées.*

Le Québec

Je voudrais visiter le Québec au Canada. Ma tante a visité Montréal, la capitale, avec mon cousin. Elle a dit que c'est formidable. Elle a montré beaucoup de photos de ses vacances.

A Montréal il y a beaucoup de bâtiments modernes mais il y a aussi des bâtiments historiques. Au centre de la ville il y a la ville souterraine. Il y a aussi le stade olympique et le parc d'amusements. Il s'appelle La Ronde.

Ma tante a aimé les musées et elle a acheté beaucoup de souvenirs dans les grands magasins. Elle m'a donné un t-shirt.

> **Add 'me/m'' where possible**
>
> Par exemple:
>
> *Elle m'a montré beaucoup de photos de ses vacances.*

> **Find alternatives to 'il y a' – there is/are**
>
> Par exemple:
>
> *Mais on trouve aussi des bâtiments historiques.*

—Version de luxe—

Le Québec

Le Québec

Je voudrais visiter le Québec au Canada. Ma tante a visité Montréal, la capitale, avec mon cousin il y a deux ans. Elle m'a dit que c'est formidable. Elle m'a montré beaucoup de photos de ses vacances.

A Montréal il y a beaucoup de bâtiments modernes mais on trouve aussi des bâtiments historiques. Au centre de la ville se trouve la ville souterraine. On peut visiter aussi le stade olympique construit il y a une vingtaine d'années et le parc d'amusements. Il s'appelle La Ronde.

Ma tante et mon cousin ont aimé les musées et ils ont acheté beaucoup de souvenirs dans les grands magasins. Ils m'ont donné un t-shirt.

—Version de base—

L'île de la Réunion

L'île de la Réunion

Je voudrais aller à l'île de La Réunion dans l'Océan Indien. Mon ami a visité Saint Denis, la capitale, avec sa mère. Il a raconté sa visite et il a envoyé des cartes postales.

A La Réunion il n'y a pas beaucoup de bâtiments modernes mais il y a beaucoup de plages. Au centre de l'île il y a des montagnes volcaniques. Il y a aussi un très bon hôtel.

Mon ami a nagé dans la mer chaude et il a fait des promenades dans les montagnes. Il m'a montré des photos superbes du paysage.

A toi maintenant.
Ecris une version de luxe.

En plus …	Par exemple: Mon frère .... *a vu* .... la ville souterraine à Montréal.

Singular and plural verbs in the perfect tense

1 Elise et Samuel .... sur la plage.

2 Ma cousine .... cette ville deux fois.

3 Mes parents .... dans ce restaurant il y a trois jours.

4 Denis .... des photos de ses vacances.

5 Sylvie et sa mère .... beaucoup de cartes postales.

—Vas-y …—

Ecris: *Un pays que je voudrais visiter.*

—Version de base

MES PROJETS POUR UN TOUR DU MONDE

Je n'ai jamais visité **l'Afrique**, alors je veux faire un tour dans un pays comme le Maroc qui est très intéressant à cause de ses traditions. Je veux aussi voir le Sahara qui est mystérieux.

Une autre destination possible est **l'Australie**. J'ai vu de la publicité pour ce continent à la télévision et beaucoup de feuilletons. La vie est moins stressée, les animaux sont très différents et les gens sont très chaleureux.

Je veux bien aller **aux Etats-Unis**. Je ne quitterai pas ce pays sans visiter la Floride où il y a Disneyworld et le centre spatial à Cape Kennedy.

Mais la destination de mes rêves, c'est **la Martinique**. Je nagerai dans la mer des Antilles et je ferai des promenades sur les volcans. Voilà des vacances!

Use adjectives and make them agree!

Par exemple:

à cause de ses traditions religieuses.

Use 'avoir l'air + adjective'

Par exemple:

Le Sahara qui a l'air mystérieux.

Use 'sans + infinitive'

Par exemple:

... sans parler de beaucoup de feuilletons.

Use the conditional

Par exemple:

Mais la destination de mes rêves, ce serait la Martinique.

__Version de luxe

MES PROJETS POUR UN TOUR DE MONDE

Je n'ai jamais visité **l'Afrique**, alors je voudrais faire un tour dans un pays chaud comme le Maroc qui a l'air très intéressant à cause de ses traditions religieuses. Je voudrais aussi voir le Sahara qui a l'air mystérieux et romantique.

Une autre destination possible serait **l'Australie**. J'ai vu de la publicité pour ce continent à la télévision sans parler de beaucoup de feuilletons australiens. La vie a l'air moins stressé, les animaux sont très différents et exotiques et les gens sont très chaleureux et accueillants.

Je voudrais bien aller **aux Etats-Unis**. Je ne quitterais pas ce pays sans visiter la Floride où il y a Disneyworld, sans oublier le centre spatial à Cape Kennedy.

Mais la destination de mes rêves, ce serait **la Martinique**. Je nagerais dans la mer bleue des Antilles et je ferais des promenades fantastiques sur les volcans. Voilà des vacances idéales!

   French Writing Skills   © John Murray

—Version de base—

Un tour de l'Europe

MES PROJETS POUR UN TOUR DE L'EUROPE

Je n'ai jamais visité **la Méditerranée**, alors je veux faire un tour sur une île comme la Corse qui est très pittoresque à cause du paysage et de ses villages. Je verrai la ville natale de Napoléon, Ajaccio, qui est jolie.

Une autre destination possible est **la Turquie**. J'ai vu des photos de ce pays dans des magazines et beaucoup de documentaires. C'est un pays qui est assez pauvre mais les habitants sont très sympas.

Je veux bien aller **en Russie**. Je ne quitterai pas la Russie sans visiter Moscou où il y a plusieurs musées d'art et le Kremlin.

Mais la destination de mes rêves, c'est **Ibiza** avec mes amis! Nous danserons toute la nuit dans les discothèques et dormirons sur la plage jusqu'à midi! Ça, c'est des vacances!

A toi maintenant.
Ecris une version de luxe.

En plus ...

Do some research to find out about these places

Par exemple: La Martinique ...

La Martinique est une île volcanique et tropicale.

1 Le Gobi ...

2 La Provence ...

3 Oslo ...

4 Le Mont Blanc ...

—Vas-y ...—

Ecris un article: *Mes projets pour un grand tour.*

—Version de base—

Monsieur Vert

Use 'mon/ma/mes' for 'my'

Par exemple:

Je recycle tous mes journaux.

MONSIEUR VERT RESPECTE L'ENVIRONNEMENT.

Je recycle tous les journaux et toutes les bouteilles. Je mets les bouteilles dans un carton et je mets les bouteilles dans un conteneur vert.

Add a negative sentence

Par exemple:

Je ne jette jamais de bouteilles dans la poubelle.

See list page 84

Quand je vais aux magasins, je prends le vélo ou je vais à pied.

Try using 'préférer' or 'aimer' + infinitive

Par exemple:

Je préfère prendre mon vélo.

Use pronouns like 'le/la/les'

Par exemple:

Si je les ferme, je ne dérange pas les voisins.

Quand j'écoute la radio dans la maison, je ferme les fenêtres. Si je ferme les fenêtres, je ne dérange pas les voisins. Pour écouter la radio dans le jardin je porte un casque.

—Version de luxe—

Monsieur Vert

MONSIEUR VERT RESPECTE L'ENVIRONNEMENT.

Je recycle tous mes journaux et toutes mes bouteilles. Je mets les bouteilles dans un carton et je les mets dans un conteneur vert. Je ne jette jamais de bouteilles dans la poubelle.

Quand je vais aux magasins, je préfère prendre mon vélo ou j'aime aller à pied. Je ne vais pas aux magasins en voiture.

Quand j'écoute la radio dans ma maison, je ferme les fenêtres. Si je les ferme, je ne dérange pas mes voisins. Pour l'écouter dans le jardin je préfère porter mon casque.

—Version de base—

Madame Verte

Madame Verte fait beaucoup pour l'environnement.

* J'économise de l'eau. Quand je fais la vaisselle je mets l'eau sale sur les plantes dans le jardin. Je lave la voiture avec un peu d'eau et je lave la voiture très rarement. Le soir je prends une douche.

* Quand je vais au travail, je vais en autobus ou par le train.

* Quand j'achète les provisions, j'achète les fruits et les légumes naturels. Je mets les fruits et les légumes dans un sac en papier.

A toi maintenant.
Ecris une version de luxe.

En plus ...	Par exemple: Je ne jette pas **les sacs en plastique**.
	....Je ne les jette pas.
Use 'le/la/les/l'' to replace nouns	1 On peut recycler **la bouteille**.
	....
	2 Je mets **le papier** ici pour recycler **le papier**.
	....
	3 Il est difficile de recycler **les boîtes de conserve**.
	....
	4 J'écoute **ma musique** avec un walkman.
	....
	5 Il faut respecter **l'environnement**.
	....

—Vas-y ...—

Qu'est-ce que tu fais pour l'environnement?

—Version de base—

Il faut devenir 'vert'

Say what you were doing, using 'pendant que ...'

Par exemple:

Pendant que je me bronzais, les voisins ...

See list page 89

Use adverbs

Par exemple:

Je suis parti tout de suite pour le parc.

Hier après-midi il a fait beau et je voulais me reposer dans le jardin. Les voisins ont commencé à faire beaucoup de bruit avec leurs motos et leur musique.

Alors, je suis parti pour le parc. Mais j'ai vu beaucoup de graffitis sur les murs et sur les affiches. J'ai vu beaucoup de voitures. Les voitures polluaient l'atmosphère.

Quand je suis arrivé au parc, j'ai vu dans la rivière beaucoup de poissons. Ils étaient morts à cause de l'eau polluée.

Je suis rentré chez moi et j'ai décidé:

- d'écrire une lettre à un journal
- de devenir membre de Greenpeace
- de faire plus pour l'environnement.

Find alternatives e.g. to 'beaucoup de ...' and 'voir'

Par exemple:

J'ai remarqué un embouteillage de voitures.

Join two sentences using 'qui + imperfect'

Par exemple:

... de poissons qui étaient morts ...

—Version de luxe—

Il faut devenir 'vert'

Hier après-midi il a fait beau et je voulais me reposer tranquillement dans le jardin. Malheureusement, pendant que je me bronzais, les voisins ont commencé à faire un bruit affreux avec leurs motos et leur musique.

Alors, je suis parti tout de suite pour le parc. Mais pendant que je marchais dans la rue, j'ai observé énormément de graffitis sur les murs et sur les affiches. J'ai remarqué un embouteillage de voitures qui polluaient l'atmosphère.

Quand je suis arrivé au parc, malheureusement j'ai trouvé dans la rivière quelques poissons qui étaient morts à cause de l'eau polluée.

Je suis rentré chez moi et j'ai décidé immédiatement.

- d'écrire une lettre à un journal
- de devenir membre de Greenpeace
- de faire plus pour l'environnement.

—Version de base—

Il faut devenir plus charitable

Samedi dernier il a fait froid et je voulais me reposer devant la télévision. J'ai vu un programme choquant sur les enfants africains. Ils mouraient de faim.

Ensuite je suis allée en ville. J'ai vu beaucoup de gens. Ils habitaient dans des cartons sur le trottoir. Il y avait beaucoup de vieux devant un magasin de vêtements d'occasion.

Quand je suis arrivée au centre-ville j'ai trouvé beaucoup de jeunes. Ils demandaient de l'argent, à cause du chômage.

Je suis rentrée à la maison, et j'ai décidé.

• de donner de l'argent à la Croix Rouge
• d'aider les pauvres près de chez moi
• d'écrire un article pour le magazine de mon école.

A toi maintenant.
Ecris une version de luxe.

En plus ...

use 'qui + imperfect' to describe

Par exemple: J'ai vu un homme (*avoir faim*).

J'ai vu un homme qui avait faim.

1   Dans la rue il y avait des jeunes (*chercher un emploi*).

    ....

2   J'ai remarqué un petit garçon (*jeter des papiers par terre*).

    ....

3   Nous avons aidé un homme (*marcher avec une canne blanche*).

    ....

4   A la télé, j'ai regardé plusieurs programmes (*montrer la pauvreté dans le Tiers-Monde*).

    ....

—Vas-y ...—

Qu'est-ce que tu voudrais changer dans notre monde?

—Version de base—

On dit merci

Check the rules about pronouns

Which are correct in this letter?

Add phrases with more detail

Par exemple:

... te dire merci encore une fois

Chère Béatrice

Je suis arrivée chez (moi/me). Le voyage en train a duré sept heures, c'est plus facile maintenant avec le tunnel.

Je voudrais (toi/te) dire merci pour mon séjour chez (toi/tu). J'ai surtout aimé le week-end dans ta maison de campagne. J'ai adoré tes chevaux et nous avons fait beaucoup de promenades magnifiques. Tes parents sont gentils – je voudrais acheter un cadeau pour (eux/ils). As-tu des idées?

Dis merci à tes parents. Tu viens chez (me/moi) l'année prochaine.

Grosses bises

Louise

Describe what you did (perfect tense)

Par exemple:

J'ai lu des journaux et j'ai mangé mon pique-nique.

Add 'n'est-ce pas' where appropriate

Par exemple:

Nous avons fait beaucoup de promenades magnifiques, n'est-ce pas?

—Version de luxe—

On dit merci

Chère Béatrice

Je suis arrivée chez moi sans problème. Le voyage en train a duré sept heures, c'est plus facile maintenant avec le tunnel, n'est-ce pas? J'ai lu des journaux et j'ai mangé mon pique-nique.

Je voudrais te dire merci encore une fois pour mon séjour chez toi. J'ai surtout aimé le week-end dans ta maison de campagne. J'ai adoré tes chevaux et nous avons fait beaucoup de promenades magnifiques, n'est-ce pas? Tes parents sont gentils – je voudrais acheter un cadeau pour eux. As-tu des idées?

Dis bonjour et merci à tes parents. Tu viens chez moi l'année prochaine, n'est-ce pas?

Grosses bises

Louise

French Writing Skills
© John Murray

—Version de base—

Cher Olivier

Je suis rentré chez ..... . Le voyage en autocar a duré douze heures, c'est long.

Je voudrais ..... remercier pour mes vacances chez ..... . J'ai aimé jouer avec ton ordinateur à la maison, et j'ai aimé le week-end chez ton oncle. C'était rigolo avec ..... .

Ton père est très sympa. Je vais acheter quelque chose pour ..... . Tu as des suggestions?

Dis bonjour à ton père. Tu restes chez ..... la prochaine fois.

Amitiés

Ben

A toi maintenant.
Ecris une version de luxe.

En plus ...

Practise the perfect tense

Put this description of a journey into the perfect tense.

Pendant le voyage, je regarde le paysage un peu et je lis un livre. Le contrôleur vérifie mon billet. Je rencontre une jeune fille et nous achetons un snack au buffet à midi, mais ses parents mangent un pique-nique.

....

....

....

....

....

....

—Vas-y ...—

Ecris une lettre à ton/ta correspondant(e) pour dire merci, après un séjour en France.

—Version de base—

Quote what people say, using direct speech

Par exemple:

– *C'est un désastre pour la nature, a dit un des manifestants.*

Remember two useful constructions

'*être en train de* + infinitive' and '*être sur le point de* + infinitive'

Par exemple:

... plusieurs manifestants qui sont en train de monter sur une excavatrice.

Non à l'autoroute

Une centaine de gens viennent de protester contre la construction d'une nouvelle autoroute. Ils aiment la campagne et disent que ce projet détruira la nature. La photo montre plusieurs manifestants qui montent sur une excavatrice. Notre reporter a interviewé un manifestant, Jean-Paul Brunet, qui creusait un tunnel sous la terre.
– *Nous devons respecter la nature. Il y a trop d'autoroutes et trop de circulation sur les routes. Les conséquences pour la nature seront affreuses.*

Notre reporter a aussi parlé avec Gilbert Daumas, chef d'équipe, qui allait appeler la police.
– *Quel est votre point de vue?*
– *Cette autoroute est absolument nécessaire. Tous les habitants disent que cette route aidera l'économie de la région.*

After direct speech, remember the rules about 'inversion'

Par exemple:

Quel est votre point de vue? a-t-il demandé.

Think of alternative verbs

Par exemple:

Tous les habitants considèrent que cette route aidera ...

Other possible verbs are '*penser*' and '*croire*'.

—Version de luxe—

Non à l'autoroute

Non à l'autoroute

Une centaine de gens viennent de protester contre la construction d'une nouvelle autoroute. Ils aiment la campagne et croient que ce projet détruira la nature.
– *C'est un désastre pour la nature, a dit un des manifestants.*
La photo montre plusieurs manifestants qui sont en train de monter sur une excavatrice.

Notre reporter a interviewé un manifestant, Jean-Paul Brunet, qui était en train de creuser un tunnel sous la terre.

– *Nous devons respecter la nature, a-t-il dit. Il y a trop d'autoroutes et trop de circulation sur les routes. Les conséquences pour la nature seront affreuses, a-t-il ajouté.* Notre reporter a aussi parlé avec Gilbert Daumas, chef d'équipe, qui était sur le point d'appeler la police.
– *Quel est votre point de vue? a-t-il demandé.*
– *Cette autoroute est absolument nécessaire, a répondu Monsieur Daumas. Tous les habitants considèrent que cette route aidera l'économie de la région.*

—Version de base—

Les forêts en danger

Encore une fois les habitants de l'Est de Madagascar viennent de couper et brûler des centaines d'arbres. Ils veulent cultiver le café et le tabac et disent que les arbres sont inutiles.

La photo montre un enfant qui rentre chez lui après ce travail. Plus tard, notre reporter a parlé avec son père dans son village, où il préparait son repas.

– Nous avons besoin de terrain pour cultiver le café. Nous ne pouvons pas vendre les arbres.

Notre reporter a aussi interviewé une représentante de Greenpeace, Mademoiselle Lydie Gérard qui allait regarder la destruction de la forêt.
– Quelle est votre opinion?
– Cette forêt est importante

pour l'île de Madagascar. Tous les experts disent que la destruction de la forêt est un désastre écologique.

A toi maintenant.
Ecris une version de luxe.

En plus ...

Put the direct speech first

Par exemple: Elle a dit, 'Je suis contre la destruction de la forêt.'

Je suis contre la destruction de la forêt, a-t-elle dit.

1 Il a ajouté, 'Il faut respecter la nature.'

....

2 Le chef d'équipe a demandé, 'Quand est-ce que nous pouvons commencer à creuser?'

....

3 Ils ont crié, 'Non aux autoroutes!'

....

4 Mademoiselle Gérard a répondu, 'Les forêts sont très importantes.'

....

—Vas-y ...—

Trouve une photo dans un journal et écris un article.

Ways of giving your opinion

j'aime bien	– *I very much like*
je préfère	– *I prefer*
je suis certain(e) que	– *I'm sure that*
je trouve que	– *I find that*
à mon avis	– *in my opinion*
je pense que	– *I think that*
je suis d'accord (avec)	– *I agree (with)*
je crois que	– *I believe that*
cela prouve que	– *that proves that*
cela montre que	– *that shows that*
je suis pour	– *I'm for*
je suis contre	– *I'm against*
quel/quelle/quels/quelles ... !	– *what (a) ... !*

Expressions with 'avoir'

avoir froid	*– to be cold*
avoir chaud	*– to be hot*
avoir faim	*– to be hungry*
avoir soif	*– to be thirsty*
avoir raison	*– to be right*
avoir tort	*– to be wrong*
avoir peur	*– to be afraid*
avoir 15 ans	*– to be 15*
avoir sommeil	*– to be sleepy*
avoir mal à ...	*– to have a ...-ache*

Joining words to help sentences flow

puis	*– then*
ensuite	*– next*
après	*– afterwards*
d'abord	*– to begin with*
enfin	*– at last*
finalement	*– finally*
alors	*– so*
donc	*– therefore*
tandis que	*– whereas*
mais	*– but*
parce que	*– because*
à cause de	*– because of*

Question words

qui?	*– who?*
quoi?	*– what?*
quel(s)/quelle(s)?	*– which?*
qu'est-ce que?	*– what?*
quand?	*– when?*
où?	*– where?*
pourquoi?	*– why?*
comment?	*– how?*

When or how often something happens

autrefois	– *in the past*
de nos jours	– *nowadays*
actuellement	– *at the moment*
tout de suite	– *at once*
souvent	– *often*
tous les jours	– *every day*
d'habitude	– *usually*
quelquefois	– *sometimes*
rarement	– *rarely*
une fois par semaine	– *once a week*
de temps en temps	– *from time to time*
il y a deux jours	– *two days ago*
plus tard	– *later*
du 10 janvier **au** 1 fevrier	– *from 10 January to 1 February*
pendant que ...	– *while ...*

Expressions of place

devant	– *in front of*
derrière	– *behind*
en face de	– *opposite*
près de	– *near to*
loin de	– *far from*
au milieu de	– *in the middle of*
sur	– *on*
sous	– *under*
à côté de	– *by the side of*
à X kilomètres de	– *X kilometres from*
à X minutes de	– *X minutes away from*

Expressions of quantity

beaucoup de	– *lots of*
assez de	– *enough*
trop de	– *too many*
moins de	– *fewer, less*
plus de	– *more*
un peu de	– *a little*
quelques	– *some*
plusieurs	– *several*
une dizaine de	– *about ten*

Weather phrases

il fait beau   – *it's fine*

il fait mauvais   – *it's not nice*

il fait chaud   – *it's hot*

il fait froid   – *it's cold*

il fait du soleil   – *it's sunny*

il fait du brouillard   – *it's foggy*

il fait du vent   – *it's windy*

il fait de l'orage   – *it's stormy*

il fait frais   – *it's cool*

il pleut   – *it's raining*

il neige   – *it's snowing*

il gèle   – *it's freezing*

Letter writing phrases

Je vous écris pour — *I'm writing to you to*

Pouvez-vous m'envoyer — *Can you send me*

J'espère que — *I hope that*

Avez-vous des renseignements sur — *Do you have any information about*

Pouvez-vous me dire si — *Can you tell me if*

Je regrette, mais — *I'm sorry, but*

J'ai l'intention de — *I intend to*

J'étais content(e) d'entendre que — *I was pleased to hear that*

Je te/vous remercie de — *I thank you for*

Ecris-moi bientôt — *Write soon*

Grosses bises — *Love from*

Je vous prie, Monsieur/Madame, d'agréer l'expression de mes sentiments distingués — *Yours sincerely*

French Writing Skills © John Murray

Adjectives that are followed by 'de + infinitive'

il est difficile de	– *it's hard to*
il est facile de	– *it's easy to*
il est possible de	– *it's possible to*
il est impossible de	– *it's impossible to*
il est important de	– *it's important to*
il est intéressant de	– *it's interesting to*
il est agréable de	– *it's pleasant to*
il est nécessaire de	– *it's necessary to*

Verbs that are followed by 'de + infinitive'

décider de	– to decide to
essayer de	– to try to
s'arrêter de	– to stop
oublier de	– to forget to
refuser de	– to refuse to
regretter de	– to be sorry to

Verbs that are followed by 'à + infinitive'

apprendre à	– to learn to
commencer à	– to begin to
aider à	– to help to
inviter à	– to invite to
réussir à	– to succeed in
préparer à	– to prepare to
continuer à	– to continue to
hésiter à	– to hesitate to

Verbs that take 'à' and 'de'

demander à quelqu'un de faire quelque chose
> – to ask someone to do something

dire à quelqu'un de faire quelque chose
> – to tell someone to do something

permettre à quelqu'un de faire quelque chose
> – to allow someone to do something

promettre à quelqu'un de faire quelque chose
> – to promise someone to do something

commander à quelqu'un de faire quelque chose
> – to command someone to do something

conseiller à quelqu'un de faire quelque chose
> – to advise someone to do something

défendre à quelqu'un de faire quelque chose
> – to forbid someone to do something

Negatives

ne ... pas	– *not*
ne ... plus	– *no more, no longer*
ne ... jamais	– *never*
ne ... que	– *only*
ne ... personne	– *nobody*
ne ... rien	– *nothing*
ne ... ni ... ni	– *neither ... nor*

Verbs that take 'être' in the perfect tense

aller	– *to go*
retourner	– *to go back again*
venir	– *to come*
sortir	– *to go out*
partir	– *to leave*
monter	– *to go up*
descendre	– *to go down*
naître	– *to be born*
mourir	– *to die*
rester	– *to stay*
tomber	– *to fall*
devenir	– *to become*
entrer	– *to go in*
rentrer	– *to go home*
arriver	– *to arrive*

TV SPORT STARS OF
CHAMPIONS LEAGUE
Annual 2013

Written by Pete Oliver
Designed by Jane Greig

PBR

A Pillar Box Red Publication

© 2012. Published by Pillar Box Red Publishing Ltd.

ISBN 978-1-907823-48-0

£7.99

Contents

Blue is the Champions

Chelsea's Champions League dream finally came true as they were crowned kings of Europe.

Ever since Russian billionaire Roman Abramovich took control at Stamford Bridge in 2003, winning the Champions League has been the ultimate goal for the Blues.

Proof that money can't buy everything came with a string of near misses with four semi-final appearances and the heartache of losing on penalties to fierce rivals Manchester United in the Moscow final of 2008.

But redemption and deliverance finally came on a magical night in Munich as Chelsea became European champions for the first time.

Beating Bayern Munich in their own back-yard was a remarkable achievement for the Londoners as they etched their name on the competition's roll of honour.

But the result told only a fraction of a story which made Chelsea's success one of the most unlikely and dramatic in the history of the Champions League.

With an acting manager in charge following a mid-season crisis at the Bridge, Roberto Di Matteo's side overcame all the odds even to reach the final.

And then after falling behind to a late Bayern goal, it needed a last-gasp equaliser from Didier Drogba to take the final to extra-time.

In the extra half-hour Petr Cech saved a penalty from former Blue Arjen Robben and then in near unbearable tension, Chelsea somehow came from behind in the penalty shoot-out to triumph thanks to the decisive spot-kick from that man Drogba.

"Football and life is sometimes unpredictable and crazy," said a delighted Di Matteo.

"I don't think anyone could have predicted this. We've had a difficult season and to finish off like this is incredible. I'm very happy for the

Colour for Chelsea

players, they've worked so hard for this for so long."

After easing through the group stage of the competition, Chelsea had suffered a winter of discontent and with their form in the Premier League suffering, rookie Portuguese boss Andre Villas-Boas was sacked in March, 2012.

Assistant manager and former Blues' midfielder Di Matteo was placed in temporary charge, initially until the end of the season before

landing the job on a permanent basis, and the rest, as they say, is history.

It was, though, a baptism of fire for the Italian who inherited a team losing 3-1 to Napoli from the first leg of their last-16 tie.

And it took a special night at Stamford Bridge to keep Chelsea in the tournament as they forced the game to extra-time with goals from Drogba, John Terry and Frank Lampard, from the spot, before Branislav Ivanovic struck to seal a famous win and take the Blues into the quarter-finals for the

seventh time in nine seasons.

With Di Matteo galvanising his squad and putting his faith back in the club's senior players, Chelsea then squeezed past Benfica 3-1 on aggregate – finally securing victory with a late goal from Raul Meireless in the second leg – to set up a revenge mission against defending champions Barcelona.

Following a controversial defeat to Barca in the semi-finals in 2009, few gave Chelsea a chance of getting their own back and knocking out the holders in the last four.

But Chelsea produced one of the most defiant performances in their history to pull off a shock and prevent

Pep Guardiola's Spanish champions from hunting a fourth Champions League success in six years.

The first leg in London was a cagey affair with Chelsea riding their luck at times as Barca twice hit the woodwork and dominated possession.

But a clinical strike just before half-time from danger man Drogba gave Chelsea a 1-0 lead from their only effort on target as the Catalans again found the English side an unbreakable force.

Yet despite beating Chelsea only once in six attempts, Barca still started the return leg as favourites to go through to the final.

Those odds shortened further when Sergio Busquets quickly levelled the aggregate scores in the Nou Camp.

A moment of madness from captain Terry, which saw the defender given his marching orders, and a second Barca goal from Andrés Iniesta then seemingly put one Barca foot in Bayern.

But they had reckoned without a stunning goal on the break from Ramires just before half-time and then a fighting rearguard action in the second half as Chelsea, with a crucial away goal, protected their aggregate advantage.

With ten men, Chelsea threw a white wall across their 18-yard box and refused to buckle as Barcelona and talisman Lionel Messi, who struck a penalty against the crossbar, couldn't find a way through and the goal they needed to win it.

And instead it was Chelsea who grabbed the glory and a 3-2 win over two memorable legs when Fernando Torres sprinted clear in injury time to kill off the 'best team in the world' and pave the way for the ultimate prize – and a place back in the best competition in the world for 2012/13.

9

19/05/12 ALLIANZ ARENA, MUNICH

Bayern Munich 1 (Muller 83)
Chelsea 1 (Drogba 88)

Chelsea won 4-3 on penalties

Chelsea (4-4-1-1): Cech; Bosingwa, Luiz, Cahill, Cole; Kalou (Torres 84), Mikel, Lampard, Bertrand (Malouda 73); Mata; Drogba. Subs: Turnbull, Ferreira, Essien, Romeu, Sturridge.

Bayern Munich (4-2-3-1): Neuer; Lahm, Tymoshchuk, Boateng, Contento; Schweinsteiger, Kroos; Robben, Muller (Van Buyten 87), Ribery (Olic 96); Gomez. Subs: Butt, Rafinha, Petersen, Usami, Pranjic.

Referee: Pedro Proenca (Portugal)

Despite missing four players through suspension and falling behind to a Thomas Muller goal with just seven minutes to go, Chelsea defied the odds to win the Champions League for the first time.

Didier Drogba's 88th minute equaliser and a penalty save from ex-Blue Arjen Robben in extra time by Petr Cech took the final to a spot-kick shoot-out.

Even then Bayern started as favourites to lift the trophy on their own ground.

The Germans last won the competition in a shoot-out in 2001 and reached the 2012 final by beating Real Madrid on penalties.

Chelsea had lost the 2008 final on penalties to Manchester United but this time, despite seeing their first spot-kick, held their nerve to enter the history books thanks to Drogba's decisive strike.

Bayern Munich 1 (Muller 83)
Chelsea 1 (Drogba 88)
Chelsea won 4-3 on penalties

Chelsea are spot-on for glory

PENALTIES

Bayern
Philip Lahm   HIT
Mario Gomez   HIT
Manuel Neuer   HIT
Ivica Olic   MISS
Bastian Schweinsteiger   MISS

Chelsea
Juan Mata   MISS
David Luiz   HIT
Frank Lampard   HIT
Ashley Cole   HIT
Didier Drogba   HIT

Didier Drogba chose the perfect time to bow out as a Chelsea player as he confirmed his legendary status at Stamford Bridge.

Drogba's Dream

With the last kick of his eight-year Chelsea career, the powerhouse striker secured the Blues' first Champions League title.

And it could not have been a more fitting finish for Drogba, who announced just a few days after his heroic performance in Munich that he would be leaving Chelsea.

Man of the match in the Champions League final, the Ivory Coast international had rescued the Blues from the brink of defeat with a superb headed equaliser two minutes from the end of normal time.

His dreams looked to have been shattered when his foul on Franck Ribery then gave Bayern a penalty and the chance to become the first team to win the competition on their own ground.

But as if the script had been written, Petr Cech saved Arjen Robben's spot-kick and when the final went down to penalties it was Drogba's effort that won the cup for Chelsea and completed a glittering CV from his time in England.

Two weeks earlier, the 34-year-old had become the first player to score in four FA Cup finals as he struck Chelsea's winner over Liverpool, adding another medal to his collection which also included three Premier League titles and two League Cups from a glittering stay at the Bridge.

With 157 goals from 341 games he left as the fourth leading scorer in club history and admitted that signing off as a European champion was the right thing to do.

"It has been a very difficult decision for me to make and I am very proud of what we have achieved, but the time is right for a new challenge for me," said Drogba.

"As a team we have accomplished so much and have won every single trophy possible.

"I am very proud to have played my part in bringing many trophies to this club, which has been my home for the last eight years."

Kings of the Road

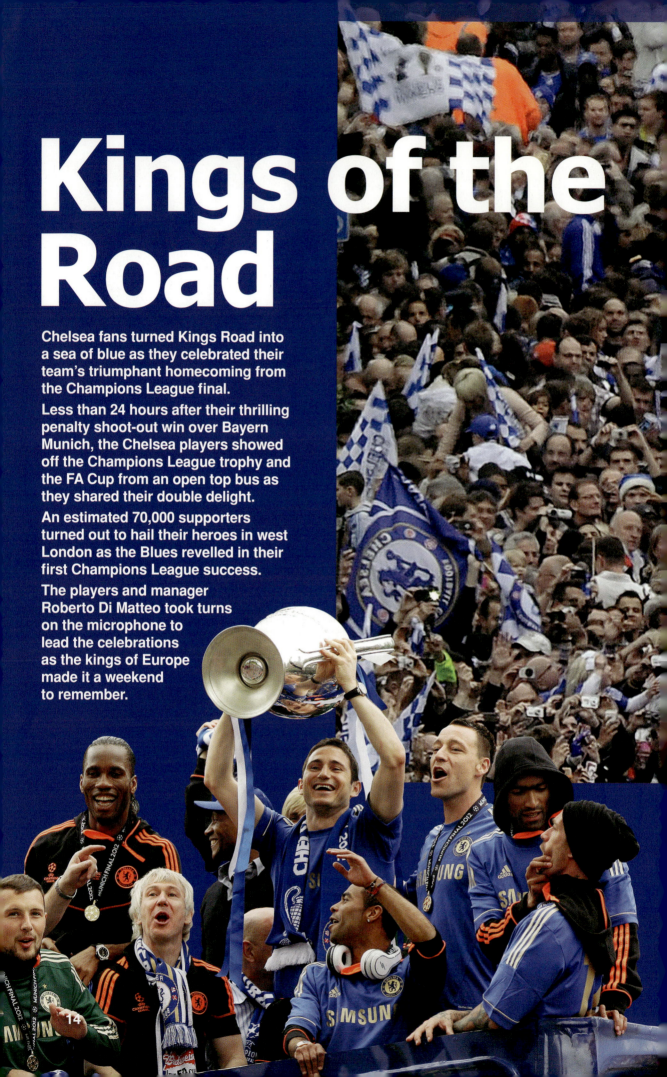

Chelsea fans turned Kings Road into a sea of blue as they celebrated their team's triumphant homecoming from the Champions League final.

Less than 24 hours after their thrilling penalty shoot-out win over Bayern Munich, the Chelsea players showed off the Champions League trophy and the FA Cup from an open top bus as they shared their double delight.

An estimated 70,000 supporters turned out to hail their heroes in west London as the Blues revelled in their first Champions League success.

The players and manager Roberto Di Matteo took turns on the microphone to lead the celebrations as the kings of Europe made it a weekend to remember.

CHAMPIONS
OF EUROPE

CHELSEA
FOOTBALL CLUB

11   12

15

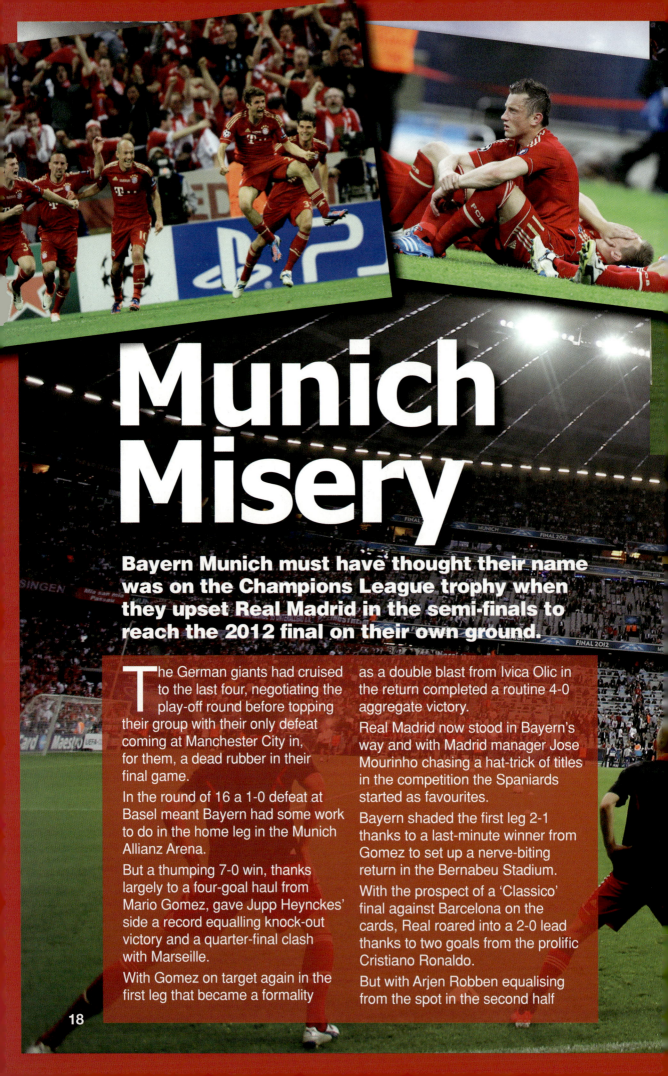

Munich Misery

Bayern Munich must have thought their name was on the Champions League trophy when they upset Real Madrid in the semi-finals to reach the 2012 final on their own ground.

The German giants had cruised to the last four, negotiating the play-off round before topping their group with their only defeat coming at Manchester City in, for them, a dead rubber in their final game.

In the round of 16 a 1-0 defeat at Basel meant Bayern had some work to do in the home leg in the Munich Allianz Arena.

But a thumping 7-0 win, thanks largely to a four-goal haul from Mario Gomez, gave Jupp Heynckes' side a record equalling knock-out victory and a quarter-final clash with Marseille.

With Gomez on target again in the first leg that became a formality

as a double blast from Ivica Olic in the return completed a routine 4-0 aggregate victory.

Real Madrid now stood in Bayern's way and with Madrid manager Jose Mourinho chasing a hat-trick of titles in the competition the Spaniards started as favourites.

Bayern shaded the first leg 2-1 thanks to a last-minute winner from Gomez to set up a nerve-biting return in the Bernabeu Stadium.

With the prospect of a 'Classico' final against Barcelona on the cards, Real roared into a 2-0 lead thanks to two goals from the prolific Cristiano Ronaldo.

But with Arjen Robben equalising from the spot in the second half

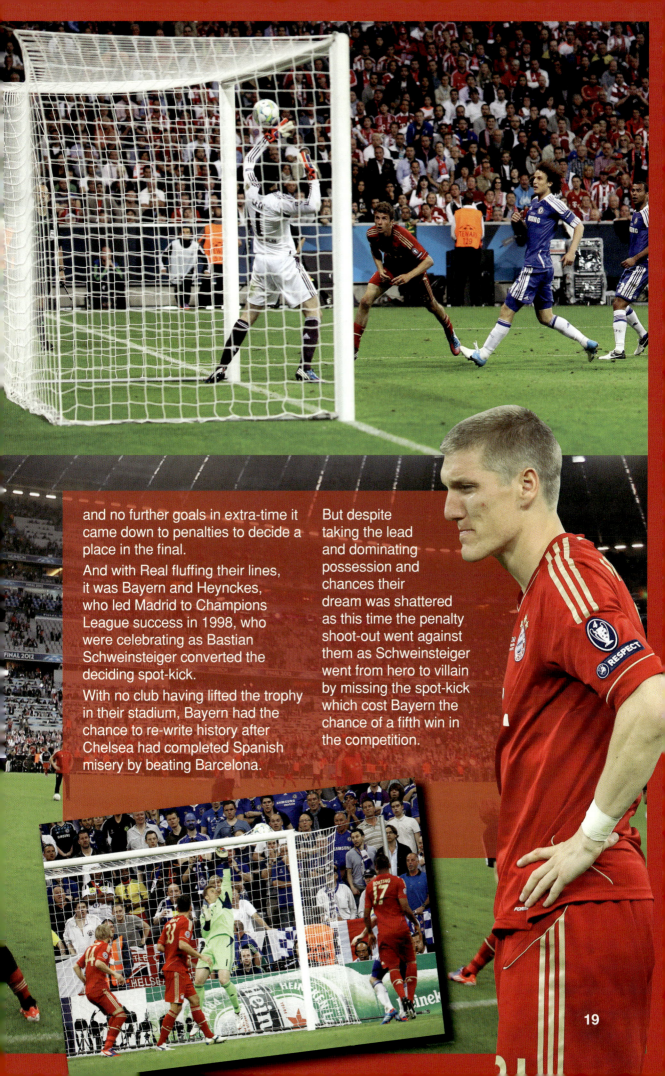

and no further goals in extra-time it came down to penalties to decide a place in the final.

And with Real fluffing their lines, it was Bayern and Heynckes, who led Madrid to Champions League success in 1998, who were celebrating as Bastian Schweinsteiger converted the deciding spot-kick.

With no club having lifted the trophy in their stadium, Bayern had the chance to re-write history after Chelsea had completed Spanish misery by beating Barcelona.

But despite taking the lead and dominating possession and chances their dream was shattered as this time the penalty shoot-out went against them as Schweinsteiger went from hero to villain by missing the spot-kick which cost Bayern the chance of a fifth win in the competition.

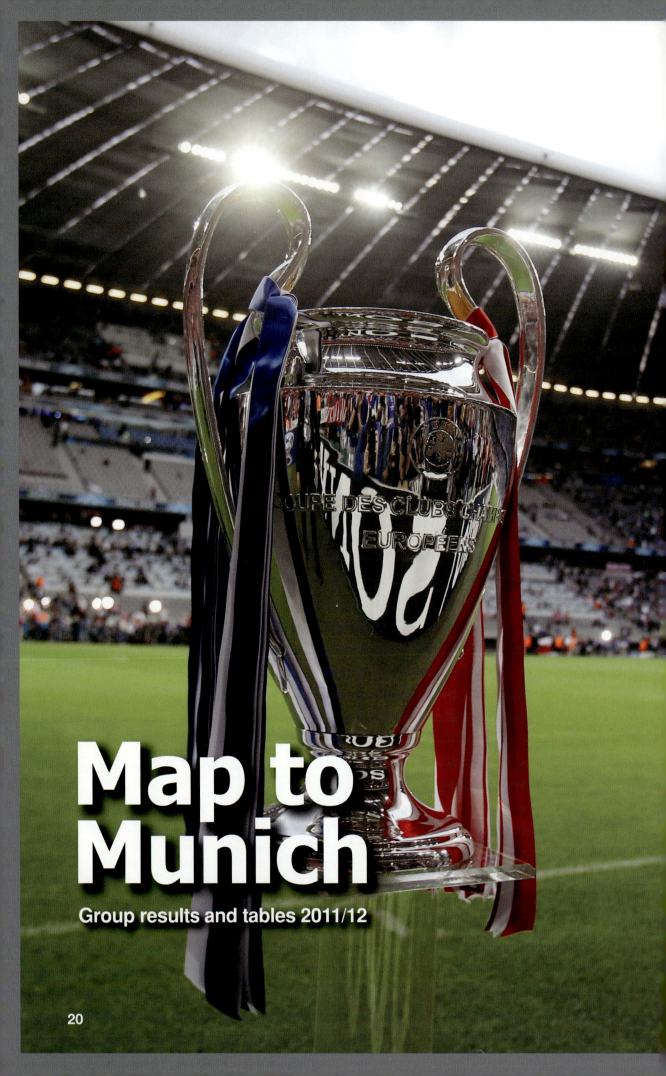

Map to Munich

Group results and tables 2011/12

Group A

	P	W	D	L	F	A	GD	Pt
Bayern Munich	6	4	1	1	11	6	+5	13
Napoli	6	3	2	1	10	6	+4	11
Manchester City	6	3	1	2	9	6	+3	10
Villarreal	6	0	0	6	2	14	-12	0

Match Day One	Manchester City	1-1	Napoli
	Villarreal	0-2	Bayern Munich
Match Day Two	Bayern Munich	2-0	Manchester City
	Napoli	2-0	Villarreal
Match Day Three	Manchester City	2-1	Villarreal
	Napoli	1-1	Bayern Munich
Match Day Four	Bayern Munich	3-2	Napoli
	Villarreal	0-3	Manchester City
Match Day Five	Bayern Munich	3-1	Villarreal
	Napoli	2-1	Manchester City
Match Day Six	Manchester City	2-0	Bayern Munich
	Villarreal	0-2	Napoli

Group B

	P	W	D	L	F	A	GD	Pt
Inter Milan	6	3	1	2	8	7	+1	10
CSKA Moscow	6	2	2	2	9	8	+1	8
Trabzonspor	6	1	4	1	3	5	-2	7
Lille	6	1	3	2	6	6	0	6

Match Day One	Inter Milan	0-1	Trabzonspor
	Lille	2-2	CSKA Moscow
Match Day Two	CSKA Moscow	2-3	Inter Milan
	Trabzonspor	1-1	Lille
Match Day Three	CSKA Moscow	3-0	Trabzonspor
	Lille	0-1	Inter Milan
Match Day Four	Inter Milan	2-1	Lille
	Trabzonspor	0-0	CSKA Moscow
Match Day Five	CSKA Moscow	0-2	CSKA Moscow
	Trabzonspor	1-1	Trabzonspor
Match Day Six	Inter Milan	1-2	CSKA Moscow
	Lille	0-0	Trabzonspor

Group C

	P	W	D	L	F	A	GD	Pt
Benfica	6	3	3	0	8	4	+4	12
Basel	6	3	2	1	11	10	+1	11
Manchester United	6	2	3	1	11	8	+3	9
Otelul Galati	6	0	0	6	3	11	-8	0

Match Day One	Basel	2-1	Otelul Galati	
	Benfica	1-1	Manchester United	
Match Day Two	Manchester United	3-3	Basel	
	Otelul Galati	0-1	Benfica	
Match Day Three	Basel	0-2	Benfica	
	Otelul Galati	0-2	Manchester United	
Match Day Four	Benfica	1-1	Basel	
	Manchester United	2-0	Otelul Galati	
Match Day Five	Manchester United	2-2	Benfica	
	Otelul Galati	2-3	Basel	
Match Day Six	Basel	2-1	Manchester United	
	Benfica	1-0	Otelul Galati	

Group D

	P	W	D	L	F	A	GD	Pt
Real Madrid	6	6	0	0	19	2	+17	18
Lyon	6	2	2	2	9	7	+2	8
Ajax	6	2	2	2	6	6	0	8
Dinamo Zagreb	6	0	0	6	3	22	-19	0

Match Day One	Ajax	0-0	Lyon	
	Dinamo Zagreb	0-1	Real Madrid	
Match Day Two	Lyon	2-0	Dinamo Zagreb	
	Real Madrid	3-0	Ajax	
Match Day Three	Dinamo Zagreb	0-2	Ajax	
	Real Madrid	4-0	Lyon	
Match Day Four	Ajax	4-0	Dinamo Zagreb	
	Lyon	0-2	Real Madrid	
Match Day Five	Lyon	0-0	Ajax	
	Real Madrid	6-2	Dinamo Zagreb	
Match Day Six	Ajax	1-2	CSKA Moscow	
	Dinamo Zagreb	0-0	Trabzonspor	

Group E

	P	W	D	L	F	A	GD	Pt
Chelsea	6	3	2	1	13	4	+9	11
Bayer Leverkusen	6	3	1	2	8	8	0	10
Valencia	6	2	2	2	12	7	+5	8
Genk	6	0	3	3	2	16	-14	3

Match Day One	Chelsea	2-0	Bayer Leverkusen
	Genk	0-0	Valencia
Match Day Two	Bayer Leverkusen	2-0	Genk
	Valencia	1-1	Chelsea
Match Day Three	Bayer Leverkusen	2-1	Valencia
	Chelsea	5-0	Genk
Match Day Four	Genk	1-1	Chelsea
	Valencia	3-1	Bayer Leverkusen
Match Day Five	Bayer Leverkusen	2-1	Chelsea
	Valencia	7-0	Genk
Match Day Six	Chelsea	3-0	Valencia
	Genk	1-1	Bayer Leverkusen

Group F

	P	W	D	L	F	A	GD	Pt
Arsenal	6	3	2	1	7	6	+1	11
Marseille	6	3	1	2	7	4	+3	10
Olympiakos	6	3	0	3	8	6	+2	9
Borussia Dortmund	6	1	1	4	6	12	-6	4

Match Day One	Borussia Dortmund	1-1	Arsenal
	Olympiakos	0-1	Marseille
Match Day Two	Arsenal	2-1	Olympiakos
	Marseille	3-0	Borussia Dortmund
Match Day Three	Marseille	0-1	Arsenal
	Olympiakos	3-1	Borussia Dortmund
Match Day Four	Arsenal	0-0	Marseille
	Borussia Dortmund	1-0	Olympiakos
Match Day Five	Arsenal	2-1	Borussia Dortmund
	Marseille	0-1	Olympiakos
Match Day Six	Borussia Dortmund	2-3	Marseille
	Olympiakos	3-1	Arsenal

Group G

	P	W	D	L	F	A	GD	Pt
Apoel Nicosia	6	2	3	1	6	6	0	9
Zenit St Petersburg	6	2	3	1	7	5	+2	9
FC Porto	6	2	2	2	7	7	0	8
Shakhtar Donetsk	6	1	2	3	6	8	-2	5

Match Day One	Apoel Nicosia	2-1	Zenit St Petersburg
	FC Porto	2-1	Shakhtar Donetsk
Match Day Two	Shakhtar Donetsk	1-1	Apoel Nicosia
	Zenit St Petersburg	3-1	FC Porto
Match Day Three	FC Porto	1-1	Apoel Nicosia
	Shakhtar Donetsk	2-2	Zenit St Petersburg
Match Day Four	Apoel Nicosia	2-1	FC Porto
	Zenit St Petersburg	1-0	Shakhtar Donetsk
Match Day Five	Shakhtar Donetsk	0-2	FC Porto
	Zenit St Petersburg	0-0	Apoel Nicosia
Match Day Six	Apoel Nicosia	0-2	Shakhtar Donetsk
	FC Porto	0-0	Zenit St Petersburg

Group H

	P	W	D	L	F	A	GD	Pt
Barcelona	6	5	1	0	20	4	+16	16
AC Milan	6	2	3	1	11	8	+3	9
Viktoria Plzen	6	1	2	3	4	11	-7	5
BATE Borisov	6	0	2	4	2	14	-12	2

Match Day One	Barcelona	2-2	AC Milan
	Viktoria Plzen	1-1	BATE Borisov
Match Day Two	AC Milan	2-0	Viktoria Plzen
	BATE Borisov	0-5	Barcelona
Match Day Three	AC Milan	2-0	BATE Borisov
	Barcelona	2-0	Viktoria Plzen
Match Day Four	BATE Borisov	1-1	AC Milan
	Viktoria Plzen	0-4	Barcelona
Match Day Five	AC Milan	2-3	Barcelona
	BATE Borisov	0-1	Viktoria Plzen
Match Day Six	Barcelona	4-0	BATE Borisov
	Viktoria Plzen	2-2	AC Milan

CHAMPIONS LEAGUE CROSSWORD

ACROSS

1   Our nickname is the Gunners. (7)
4   Champions of Italy in 2012. (8)
6   The man in the middle. (7)
9   This country has won the most European Cups/Champions Leagues. (5)
11 Capital of Portugal and home of the 2014 final. (6)
14 Spanish club which qualified for Champions League for the first time in 2012/13. (6)
15 We play at Fir Park. (10)
16 Replaced the Twin Towers at Wembley. (4)
17 The 2012 Champions! (7)

DOWN

2   England's most successful team in the competition. (9)
3   Country where the European Cup was devised. (6)
5   The competition organisers. (4)
7   French champions for the first time in 2012. (11)
8   The manager who led Nottingham Forest to two European Cups. (6)
10 Lionel Messi missed one against Chelsea. (7)
12 Fenerbahce play in this country. (6)
13 Second top scorer in the 2011/12 Champions League. (5)
14 'Special' manager seeking third Champions League win in 2013. (8)

Answers on page 61

25

CHAMPIONS LEAGUE WORDSEARCH

D	R	N	E	Q	M	O	T	H	E	R	W	E	L	L
E	Q	J	U	Y	S	L	Q	J	P	K	Q	D	R	N
I	L	D	G	H	D	E	Q	N	W	W	K	F	K	R
S	V	K	A	L	M	R	I	T	D	R	O	G	B	A
R	G	G	E	N	J	O	D	T	L	E	O	P	A	R
E	L	O	L	N	T	N	F	B	L	N	W	R	P	N
P	K	M	S	X	L	A	K	M	E	A	A	F	Q	T
N	X	E	N	R	T	L	B	B	U	E	N	R	N	L
A	W	Z	O	A	R	D	B	R	S	N	E	E	A	M
V	V	K	I	N	R	O	K	L	D	U	I	M	P	W
D	P	K	P	R	R	E	E	K	R	N	P	C	P	G
N	Y	R	M	C	Q	H	N	O	T	A	Z	J	H	H
P	R	W	A	F	C	B	P	A	R	R	B	F	W	N
K	V	N	H	M	J	E	Q	D	D	Q	A	F	E	U
C	T	W	C	H	V	K	Y	K	X	L	R	N	W	K

Find the words in the grid. Words can go horizontally, vertically and diagonally in all eight directions.

APOEL	EUROPE	PENALTIES
ARENA	GOMEZ	ROBBEN
CHAMPIONS LEAGUE	LAMPARD	RONALDO
CHELSEA	MOTHERWELL	UEFA
DROGBA	MUNICH	VANPERSIE

Answers on page 60

Quiz

Test your knowledge to be a Champions League winner!

1 Who was Chelsea's captain in the 2012 final in place of the suspended John Terry?

2 Which Bayern Munich player hit the post with his penalty to confirm Chelsea as champions?

3 Who did Roberto Di Matteo replace as Chelsea manager during the Blues' triumphant run to the title?

4 What nationality is Chelsea goalkeeper Petr Cech?

5 Which country does FC Basel play in?

6 Which team knocked Arsenal out of the 2011/12 Champions League?

7 Barcelona beat which German team 10-2 on aggregate in the last 16 of the 2011/12 competition?

8 Which club did Edinson Cavani play for in the 2011/12 Champions League?

9 Which Scottish club qualified for the Champions League for the first time for the 2012/13 tournament?

10 Which club has won the most Champions League/European Cup titles?

11 Which two clubs has Jose Mourinho led to the Champions League title?

12 Where will the 2013 Champions League final be played?

Answers on page 60

Barca De-Throned
Barca Crown Slips as Pep Loses his Fizz

No side has ever successfully defended the title as Champions League winners since the format changed from the European Cup in 1992.

Barcelona looked ready to break the jinx in 2012 as the Catalan kings threatened to sweep all before them.

But even Pep Guardiola's all-conquering side found the task beyond them and semi-final defeat to bogey team Chelsea spelled the end for their legendary coach.

With Lionel Messi again leading from the front, Barca swept all before them as they marched to the last four of the 2011/12 competition.

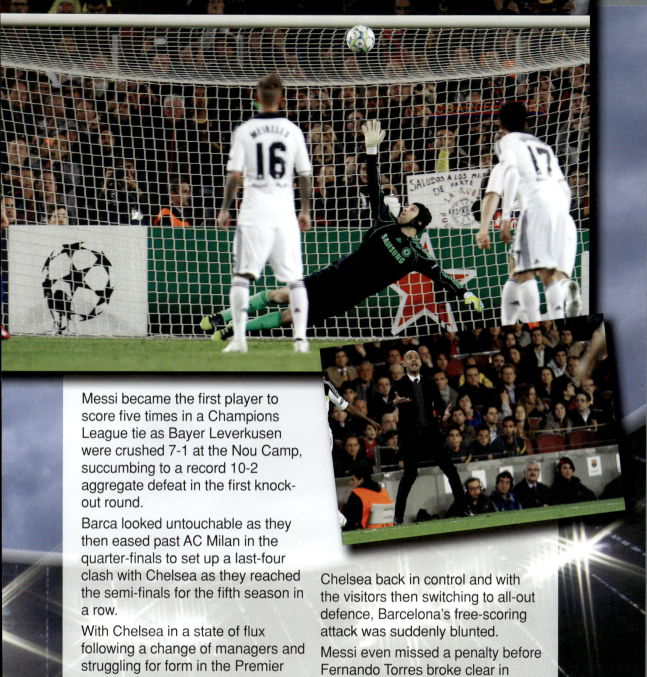

Messi became the first player to score five times in a Champions League tie as Bayer Leverkusen were crushed 7-1 at the Nou Camp, succumbing to a record 10-2 aggregate defeat in the first knock-out round.

Barca looked untouchable as they then eased past AC Milan in the quarter-finals to set up a last-four clash with Chelsea as they reached the semi-finals for the fifth season in a row.

With Chelsea in a state of flux following a change of managers and struggling for form in the Premier League, Barcelona looked a good bet to reach their third final in four years.

But the Londoners had not lost in their previous six games against Barca and despite being second best for most of the night at Stamford Bridge, nicked a 1-0 lead thanks to Didier Drogba.

And Barcelona's world then caved in back at the Nou Camp as the Blues gained revenge for their defeat on away goals in the 2009 semi-finals.

At 2-0 up and facing ten men Barca looked to be cruising. But a stunning goal on the break from Ramires put Chelsea back in control and with the visitors then switching to all-out defence, Barcelona's free-scoring attack was suddenly blunted.

Messi even missed a penalty before Fernando Torres broke clear in stoppage time to complete a 3-2 aggregate win for Chelsea and spell the end of an era for Barca.

After four remarkable years in charge, Guardiola decided he needed a rest and stood down at the end of the season with his assistant, Tito Vilanova, taking over with the job of restoring Barcelona to the pinnacle of European football.

Victory in the final of the Spanish Cup at least allowed Guardiola to bow out on a high with his haul of 14 trophies - including two as a Champions League winner - making him Barcelona's most successful ever coach and leaving big boots to fill.

Not Quite the Real Deal

Even the combined genius of Jose Mourinho and Cristiano Ronaldo wasn't enough to deliver the Champions League crown back to Real Madrid in 2012.

With nine titles to their name, Real remain the most successful team in the tournament's 56-year history.

But having failed to lift the trophy since 2002, 'Los Blancos' hoped that Mourinho would deliver the ultimate triumph in his second year in charge at the Bernabeu.

Only the third manager in history to win the Champions League with two different clubs, having guided FC Porto and Inter Milan to glory, the 'Special One' gave it a good go.

But defeat on penalties to Bayern Munich in the semi-finals meant he had to settle for winning La Liga and ending Barcelona's grip on the Spanish title.

With former Manchester United star Ronaldo firing on all cylinders it looked as though it

might have been a different story as Real romped through their group with a 100 per cent record and then beat CSKA Moscow and surprise package Apoel of Cyprus.

That set up a semi-final clash with Bayern with arch rivals Barcelona lurking in the other side of the draw.

But a 2-1 defeat in Germany meant Real had it all to do in the return leg and a repeat scoreline meant it would be penalties to decide who went through to the final in Munich.

And ironically it was Ronaldo, who had earlier scored twice, who missed one of the decisive spot-kicks to put a rare blemish on a remarkable season which saw him score 60 goals, breaking the club record he had set just 12 months earlier.

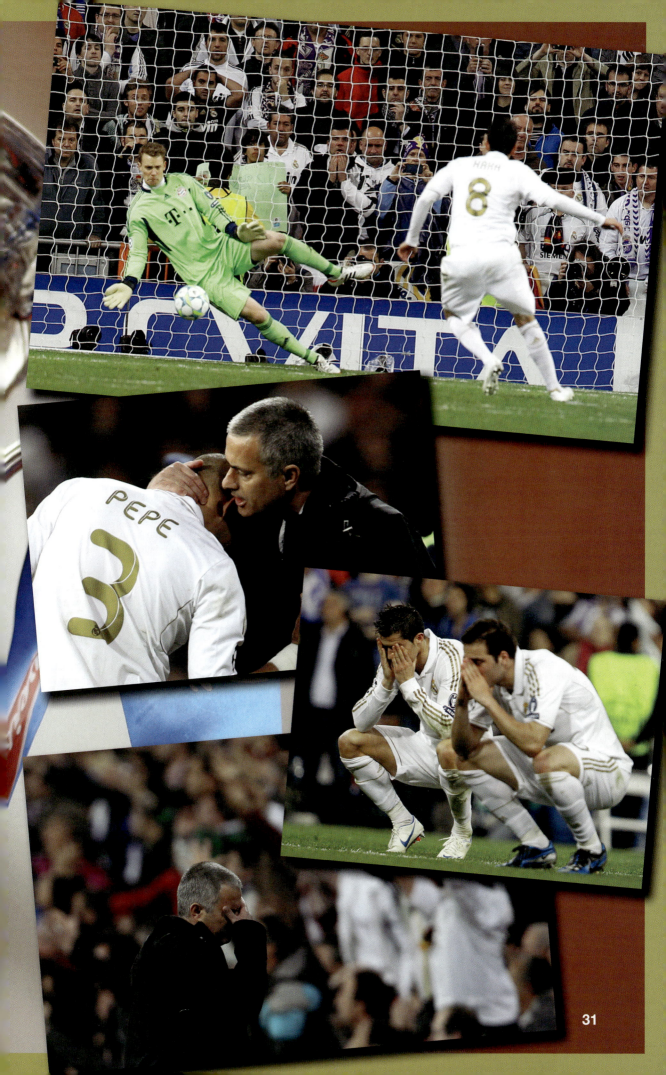

Blue Moon Rising

Manchester City's debut in the Champions League barely got out of first gear as they failed to make it past the group stage.

But don't bet against them being a major force in the future and 2012/13 could even be their year after their thrilling success in the Premier League title race last season.

City became champions of England for the first time since 1968 – which gave them qualification for the European Cup for the only time in their history – when they held off local rivals Manchester United on the final day of the 2011/12 domestic campaign.

In the most dramatic ever finish to the title race, United's win at Sunderland meant City had to beat

relegation-threatened QPR in their final game.

Going into injury-time, Roberto Mancini's side still needed to score twice to stop the title slipping through their grasp at their own Etihad Stadium.

And remarkably they did it thanks to a header from Edin Dzeko and then a superb finish from top scorer Sergio Aguero with virtually the last kick of the game to clinch a 3-2 win and a place at the top of English football.

With that success and the massive financial backing of the Abu Dhabi United Group behind them, City's sights will now be set firmly on trying to conquer Europe.

Dipping their toe in the Champions League water in 2011, the Blues gave themselves a chance of reaching the knock-out phase with back-to-back wins over Villarreal, including another last-gasp home victory secured by Aguero.

That meant a win over Napoli in Italy would take Mancini's men through.

But despite an equaliser from Mario Balotelli in the Stadio San Paulo, two goals from Edinson Cavani meant their destiny was no longer in City's hands.

And despite a 2-0 win over Group winners and future finalists Bayern Munich in their final game, City were knocked out and subjected to further disappointment in the Europa League by Napoli's win in Villarreal.

Glory on the home front five months later more than made amends but City won't settle for being Champions League also-rans for long.

"I am disappointed as we wanted to be in the Champions League, but we will try again next year. We will come back to this tournament next season and strengthen our squad," said Mancini.

35

CHAMPIONS LEAGUE A-Z

A Apoel Nicosia captured the imagination of the football world with their giant-killing exploits as they reached the quarter-finals in 2012.

B Barcelona reached the end of an era as Pep Guardiola stepped down as manager.

C It has to be Chelsea – winners for the first time in 2012.

D Didier Drogba won it for the Blues, scoring in open play and the decisive penalty in the final shoot-out.

E Extra-time failed to produce a winner in the 2012 final.

F 'Fergie time' helped Manchester United to their famous final win over Bayern Munich in 1999.

G Gerd Muller was a legendary German striker who helped Bayern win the tournament for three years in a row from 1974.

H Hampden Park in Glasgow has staged three finals – in 1960, 1976 and 2002.

I Italy have provided 12 winners of the competition, level with England and one behind most prolific winners Spain.

J Jose Mourinho took Real Madrid to the last four in 2012 as he aimed for a hat-trick of wins in the competition after success with FC Porto and Inter Milan.

K Kevin Keegan – who later managed Newcastle United, Manchester City and England, played in the 1980 final for German club Hamburg against Nottingham Forest, ending up on the losing side.

L Little maestro Lionel Messi won the golden boot again for finishing as top scorer in 2012.

M Mario Gomez scored ten goals in the 2011/12 tournament and carried his fine form into the European Championships with Germany.

N Nottingham Forest won the European Cup in 1979 and 1980 but have only once been champions of the English league.

O Ottmar Hitzfeld is one of only three managers to have won the title with two different clubs – Borussia Dortmund and Bayern Munich.

P Park the bus! The defensive tactics ten-man as Chelsea used to thwart Barcelona in the Nou Camp.

Q Qualifying rounds for the Champions League start each season at the end of June, almost 11 months before the final!

R Record nine times winners Real Madrid.

S Six successive wins in the European Cup for English clubs from 1977 to 1982.

T Thomas Muller put Bayern 1-0 up in the 2011 final.

U UEFA is the governing body of European football and organisers of the Champions League.

V Valletta of Malta were one of four clubs to start out in the first qualifying round in 2011.

W Wembley will host the final again in 2013.

X Xavi Hernandez is a three-times Champions League winner with Barcelona.

Y Yugoslavia was the home of 1991 European Cup winners Red Star Belgrade before Belgrade became the capital of Serbia.

Z Zenit St Petersburg went out to Benfica in the last 16 of the competition in 2012.

United's Euro Crash

The 2011/12 season was something of an 'annus horribilis' for Manchester United as they ended the campaign empty-handed and usurped as Premier League champions by the 'noisy neighbours' of City.

Alex Ferguson's side found no solace in Europe as the double Champions League winners were dumped out in the group stage for only the third time in their history.

The 2011 finalists went into a last-match shoot-out with FC Basel needing only a point to progress.

But it was the Swiss who triumphed thanks to a 2-1 win at their St Jakob-Park stadium to reach the knock-out phase of the competition for only the second time ever.

Despite being handed an apparently straightforward passage from a fairly undemanding group, United managed only two wins – both against Romanian club Otelul Galati.

Two penalties from Wayne Rooney gave United a 2-0 win in Romania and a goal from Antonio Valencia and an own-goal in the return put Ferguson's men level on points with Benfica at the top of Group C as they looked odds-on to reach the last-16 for the sixth year running.

But with Benfica then hitting back to draw 2-2 at Old Trafford, after Dimitar Berbatov and Darren Fletcher had put the Reds in front, it was the Portuguese who booked their place in the knock-out stages.

United still had work to do out in Switzerland and despite a late header from Phil Jones they came up short as goals from Marco Streller and Alexander Frei gave Basel a shock win.

Taking their place in the last 32 of the Europa League, United did bounce back to beat Ajax.

But defeat to future finalists Atletico Madrid ended any hopes of a prolonged run, leaving United – one of the great names of European football – to try and restore their Champions League reputation in 2013.

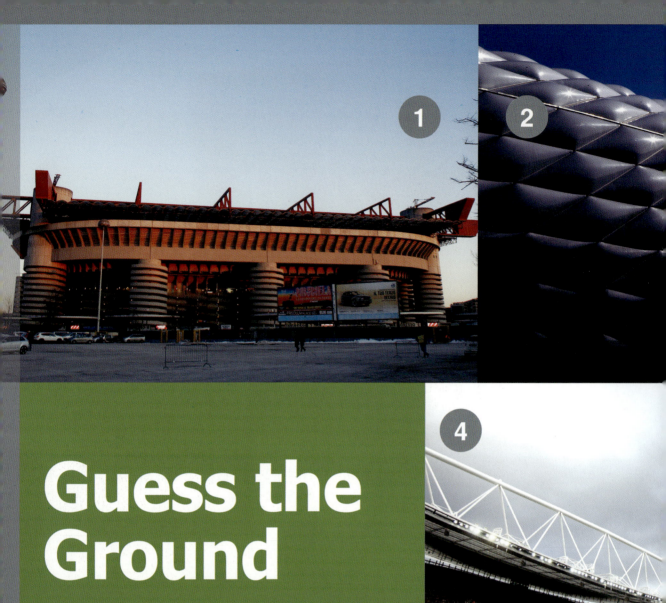

Guess the Ground

Can you identity these famous
Champions League venues?

Answers on page 60

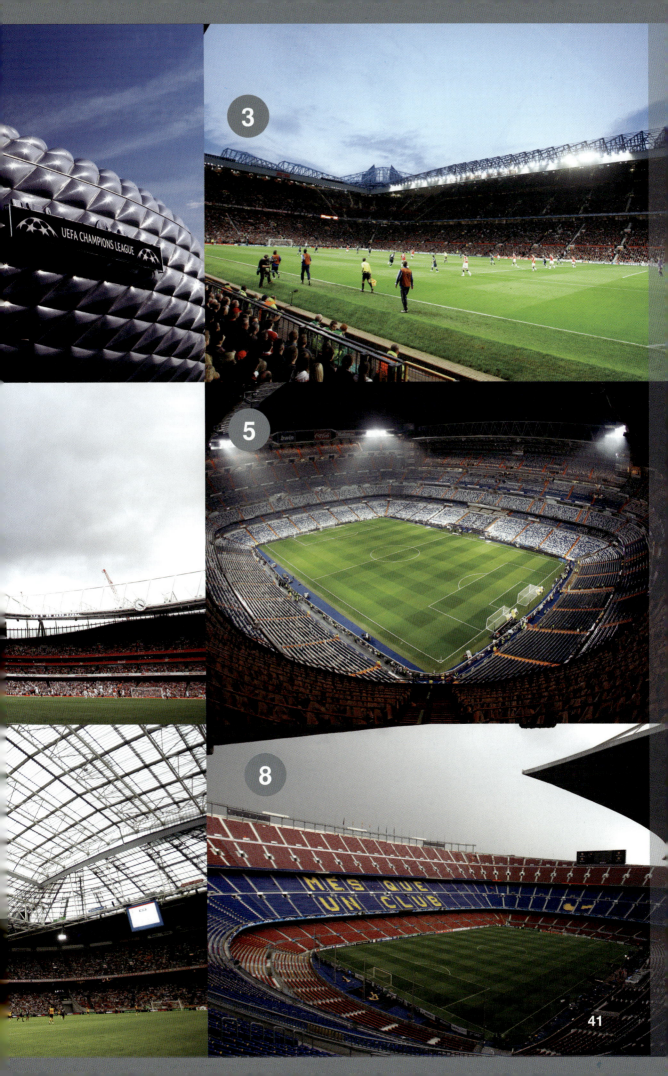

UEFA CHAMPIONS LEAGUE

3

5

8

MES QUE
UN CLUB

41

Now You're Gunner Believe Us

Arsenal's remarkable record of progressing through the group stages of the Champions League remained intact during the 2011/12 competition.

And after pipping London rivals Tottenham Hotspur to third place in the Premier League – the last available spot after fourth-placed Spurs lost their spot to holders Chelsea – the Gunners were back again in for a 13th successive tilt at the top prize in Europe in 2012/13.

An elusive first crown still looks elusive for Arsene Wenger's men, but when it comes to consistency in the early rounds of the tournament there are few sides that can match them.

Since 2000, Arsenal have never gone out in the group stage of the competition's established format.

In 2002 and 2003 they went through an initial group before losing out in a second group stage which was followed by the quarter-finals.

That system was then scrapped and Arsenal's record in the competition subsequently shows one

42

appearance in the final, one in the semi-finals and two in the last eight.

But with the competition hotting up, 2012 again brought only progress to the last 16 where Wenger's side lost out to AC Milan in an epic encounter.

Having got past Italian side Udinese in a play-off, the Gunners joined Borussia Dortmund, Marseille and Olympiacos in Group F and the Londoners enjoyed fairly serene progress to book their passage through.

And by match-day five they had booked their place in the last 16 as group winners thanks to a 2-1 home win over Dortmund.

Nor for the first time the prolific Robin Van Persie was Arsenal's match winner as he struck twice to make it 12 goals in eight games during a typically rich vein of form.

That result allowed Wenger to rotate his squad for their final group game against Olympiacos, the Greek side capitalising to win 3-1 and seemingly take the second qualifying spot before two late goals from Marseille in Germany dashed their hopes.

With the stage now set for a knock-out clash with Milan, Arsenal almost produced the greatest fightbacks in the competition's history to reach the quarter-finals.

On a disastrous night in the San Siro Stadium, the Gunners – who included club legend Thierry Henry during his loan spell back at the club from New York Red Bulls – were thumped 4-0 in the first leg to slump to their heaviest ever European defeat.

43

Spot the ball

Can you guess where the ball is in these pictures?

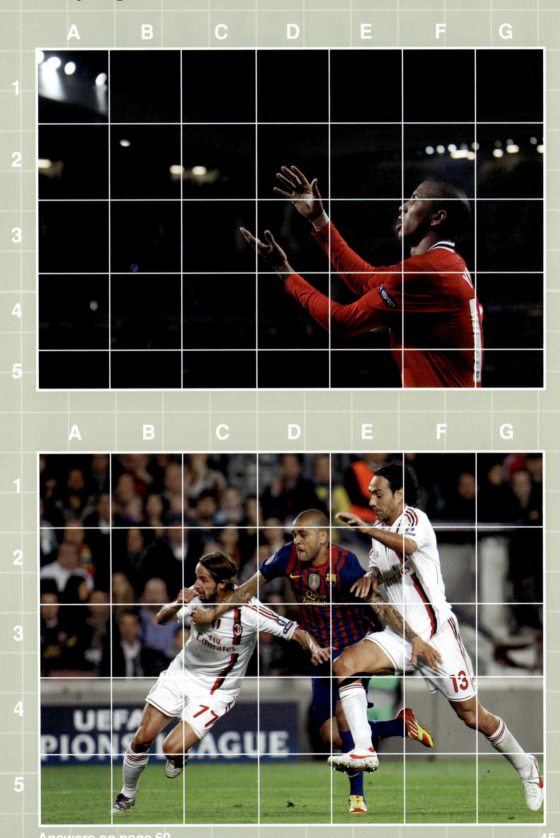

Pride of Scotland

Scotland went into Champions League battle in 2012/13 with an exciting mix of the old and the new.

As Scottish Premier League champions, Celtic resumed their place at the top table of European football with a fierce ambition to try and make a positive impact.

With Scottish domestic football reeling from the financial fall-out at Rangers, Celtic started the season as overwhelming favourites to defend their league title.

So boss Neil Lennon was doubly determined to mount a meaningful Champions League challenge to try and build on Scotland's poor recent record in the competition.

And at the other end of the experience scale, Motherwell experienced Champions League football for the first time.

Former Scotland international Stuart McCall led the Fir Park club to third spot in the 2011/12 SPL with a record club points' tally.

And with Rangers' financial woes barring them from European football, the 'Well' took their place.

The club had played in Europe before, in the Cup Winners' Cup, the UEFA Cup and the Europa League.

But the Champions League was unchartered territory for the North Lanarkshire side which proudly began their journey in the third qualifying round.

Celtic, meanwhile, returned to the Champions League after a one-year absence in the Europa Cup –treading again in the footsteps of the Lisbon Lions, the famous Celtic team which became the first British winners of the European Cup in 1967.

First target, though, was trying to reach the group stage and the chance to try and emulate back-to-back runs to the knock-out stages in 2007 and 2008.

Across Glasgow, Rangers, beaten in the 2011/12 Champions League play-off round by Malmo, will be happy just to be playing at all as they start the long road back to compete for Old Firm honours.

48

Chelsea Join the Elite

Chelsea's Champions League final win over Bayern Munich put the London club on the roll of honour in Europe's premier club competition for the first time.

Chelsea became the 22nd different team to win the competition since its inception in 1955.

And their penalty shoot-out success in Germany gave English clubs a 12th success in the tournament, level with Italy and only one behind Spain.

European Cup/UEFA Champions League wins	
13	Spain
12	England, Italy
6	Germany, Netherlands
4	Portugal
1	France, Romania, Scotland, Serbia

European Cup/UEFA Champions League wins	
9	Real Madrid
7	AC Milan
5	Liverpool
4	AFC Ajax, Bayern Munich, Barcelona
3	Internazionale Milan, Manchester United
2	Benfica, Juventus, Nottingham Forest, FC Porto
1	Celtic, Chelsea, Hamburg, Steaua Bucharest, Olympique de Marseille, Feyenoord, Aston Villa, PSV Eindhoven, Red Star Belgrade, Borussia Dortmund.

Winners since the Champions League replaced the European Cup in 1992/93	
2012	Chelsea FC
2011	FC Barcelona
2010	Internazionale Milan
2009	FC Barcelona
2008	Manchester United
2007	AC Milan
2006	FC Barcelona
2005	Liverpool FC
2004	FC Porto
2003	AC Milan
2002	Real Madrid

Did you know?

Fun and facts from the 2011/12 Champions League

Chelsea became the first club from London to win the Champions League or European Cup when they beat Bayern Munich in the final.

The final in Munich was the sixth Anglo-German affair with English clubs losing only once – Leeds United's defeat to Bayern Munich in 1975.

Ryan Giggs broke his own record by becoming the oldest player to score in the Champions League when he scored Manchester United's equaliser in their 1-1 draw against Benfica at the age of 37 years and 289 days in September, 2011.

Apoel Nicosia became the first Cypriot club to reach the knock-out stages of the Champions League. They made it all the way to the quarter-finals where their run was ended by Real Madrid.

Jonas scored the second fastest goal in Champions League history when he netted for Valencia after 10.84 seconds in their 3-1 win over Bayer 04 Leverkusen at the Mestella.

The 20 goals scored by Barcelona in the group stage equalled the record set by Manchester United in 1998/99.

Lyon's Bafétimbi Gomis scored the fastest ever hat-trick in the history of the Champions League. He broke Mike Newell's 16-year-old record when he scored three goals in seven minutes to help Lyon to a 7-1 thrashing of Dinamo Zagreb and progress through to the last 16. He scored his fourth goal later in the same match to become only the seventh player in the competition's history to score four goals in the same game.

Arsenal manager Arsene Wenger took charge of his 200th game in the Champions League when the Gunners played Olympiacos in the group stage in December, 2011.

Real Madrid became only the fifth team to win all six of their group games, following in the footsteps of AC Milan, Paris St-Germain, Spartak Moscow and Barcelona.

Chelsea were only able to defend the trophy thanks to winning it as they finished fifth in the Premier League – their worst placing for a decade. Unlucky Tottenham therefore missed out on a Champions League place, despite finishing fourth, following a rule change brought about by Liverpool's European win in 2005 when they were also fifth in the league and England were allowed five entrants.

All-Star Line Up

Users of the UEFA website had the chance throughout the 2011/12 Champions League campaign to vote for their top players.

And while Chelsea fans might wonder why Didier Drogba didn't get enough nominations to make the 'dream team', the winners did get two players in the final 'team of the season' line-up.

Would you have picked this side?

UEFA.com Player Rater Team of the Season (4-4-2)

Goalkeeper: Petr Cech (Chelsea)

Defenders (right to left): Daniel Alves (Barcelona), David Luiz (Chelsea), Paulo Jorge (Apoel), David Alaba (Bayern Munich).

Midfielders (right to left): Cristiano Ronaldo (Real Madrid), Gustavo Manduca (Apoel), Kevin-Prince Boateng (AC Milan), Franck Ribery (Bayern Munich).

Forwards: Lionel Messi (Barcelona), Mario Gomez (Bayern Munich).

Petr Cech (Chelsea)

David Alaba (Bayern Munich)   **Paulo Jorge (Apoel)**   **David Luiz (Chelsea)**   **Daniel Alves (Barcelona)**

Franck Ribery (Bayern Munich)   **Kevin-Prince Boateng (AC Milan)**   **Gustavo Manduca (Apoel)**   **Cristiano Ronaldo (Real Madrid)**

Lionel Messi (Barcelona)   **Mario Gomez (Bayern Munich)**

London Calling

Football will be coming home again when Wembley hosts the 2013 Champions League final.

The final returns to the London venue for the second time in three years following Barcelona's win over Manchester United at Wembley in 2011.

Such a quick return is unprecedented in the competition's history.

But the decision by UEFA to take the final back to Wembley reflects the successful staging of the 2011 final and will also mark the 150th anniversary of the Football Association.

As a result Wembley – which was re-opened in 2007 following a spectacular six-year redevelopment project - will host the final for a record seventh time.

"It will be a major celebration of football in this country during a landmark year for our organisation and is an acknowledgment of Wembley's status as one of the very best football stadiums in the world," FA chairman David Bernstein told UEFA.com.

Wembley first staged the European Cup final in 1963 when AC Milan beat Benfica.

Benfica were back five years later but again finished as the losers when Manchester United won 4-1 in the 1968 final to become European champions for the first time.

Since then Ajax (1971), Liverpool (1978) and Barcelona (1992, 2011) have lifted the trophy at the iconic stadium.

PICK THE GOAL
Unscramble the lines to find out which leads
to a goal in the back of the net.

MAZE
Can you choose the correct route that leads to the Trophy?

Answers on page 60/61

Ones to

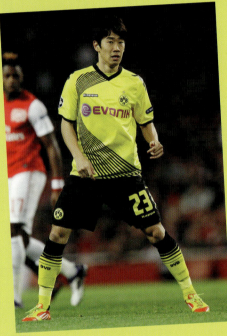

Shinji Kagawa (Manchester United)

Born: 17/03/89

Manchester United splashed out a reported £12 million to sign the attacking midfielder from Borussia Dortmund in June, 2012.

The Japanese international scored 13 times in 31 games in the Bundesliga in 2011/12 to help Dortmund win their domestic league and cup double.

Kagawa also made his mark in the Champions League, scoring against Arsenal at the Emirates Stadium, and will be looking to be a big hit at Old Trafford as United look to make amends for last season's disappointments in Europe.

Alex Oxlade-Chamberlain (Arsenal)

Born: 15/04/93

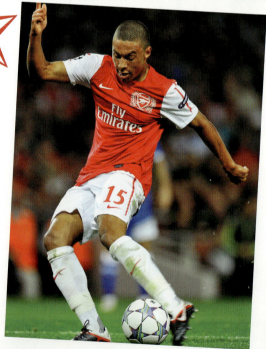

The former Southampton teenager joined the Gunners in August, 2011 and made an immediate impact at the Emirates Stadium.

The 'Ox', whose dad Mark played as a winger for England, became the youngest English player to score in the Champions League when he netted for the Gunners against Olympiacos in September, 2011.

He starred again against AC Milan in the last 16 and the young winger's form was so good that he earned a surprise call-up to England's squad for the 2012 European Championship finals.

Watch

Eden Hazard (Chelsea)

Born: 07/01/91

Chelsea won the chase to sign one of European football's hottest properties from French club Lille in the summer of 2012.

With big rivals Manchester United also keen on the Belgian international, it was the Champions League winners who landed the attacking midfielder for a reported fee of £32 million.

Twice player of the year in France, Hazard will be hoping to transfer his skills to the English stage with Chelsea looking to wrest the Premier League title from Manchester City and mount a serious defence on their European crown.

Mario Balotelli (Manchester City)

Born: 12/08/90

The occasionally wayward striker has already made a name for himself but is still in his early twenties.

Since joining Manchester City from Inter Milan in August, 2010, the Italian international has attracted as many negative headlines as positive ones due to a poor disciplinary record and a colourful lifestyle.

But at his best and with his mind on the game, the striker is a potential match-winner who could be the joker in the pack in City's bid to make their name in Europe.

QUIZ ANSWERS

Champions League quiz
Page 27

1 Frank Lampard
2 Bastian Schweinsteiger
3 Andre Villas-Boas
4 Czech Republic
5 Switzerland
6 AC Milan
7 Bayer Leverkusen
8 Napoli
9 Motherwell
10 Real Madrid
11 FC Porto and Inter Milan
12 Wembley

Guess the ground
Page 40-41

1 San Siro
  (Milan)
2 Allianz Arena
  (Bayern Munich)
3 Old Trafford
  (Manchester United)
4 Emirates Stadium
  (Arsenal, London)
5 Bernabeu
  (Real Madrid)
6 Stamford Bridge
  (Chelsea)
7 Amsterdam Arena
8 The Nou Camp

Spot the Ball Page 45

Maze Page 57

Wordsearch Page 26

D	R	N	E	Q	M	O	T	H	E	R	W	E	L	L
E	Q	J	U	Y	S	L	Q	J	P	K	Q	D	R	N
I	L	D	G	H	D	E	Q	N	W	W	K	F	K	R
S	V	K	A	L	M	R	I	T	D	R	O	G	B	A
R	G	G	E	N	J	O	D	T	L	E	O	P	A	R
E	L	O	L	N	T	N	F	B	L	N	W	R	P	N
P	K	M	S	X	L	A	K	M	E	A	A	F	Q	T
N	X	E	N	R	T	L	B	B	U	E	N	R	N	L
A	W	Z	O	A	R	D	B	R	S	N	E	E	A	M
V	V	K	I	N	R	O	K	L	D	U	I	M	P	W
D	P	K	P	R	R	E	E	K	R	N	P	C	P	G
N	Y	R	M	C	Q	H	N	O	T	A	Z	J	H	H
P	R	W	A	F	C	B	P	A	R	R	B	F	W	N
K	V	N	H	M	J	E	Q	D	D	Q	A	F	E	U
C	T	W	C	H	V	K	Y	K	X	L	R	N	W	K

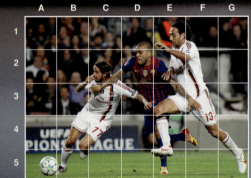

60

Pick the Goal
Page 57

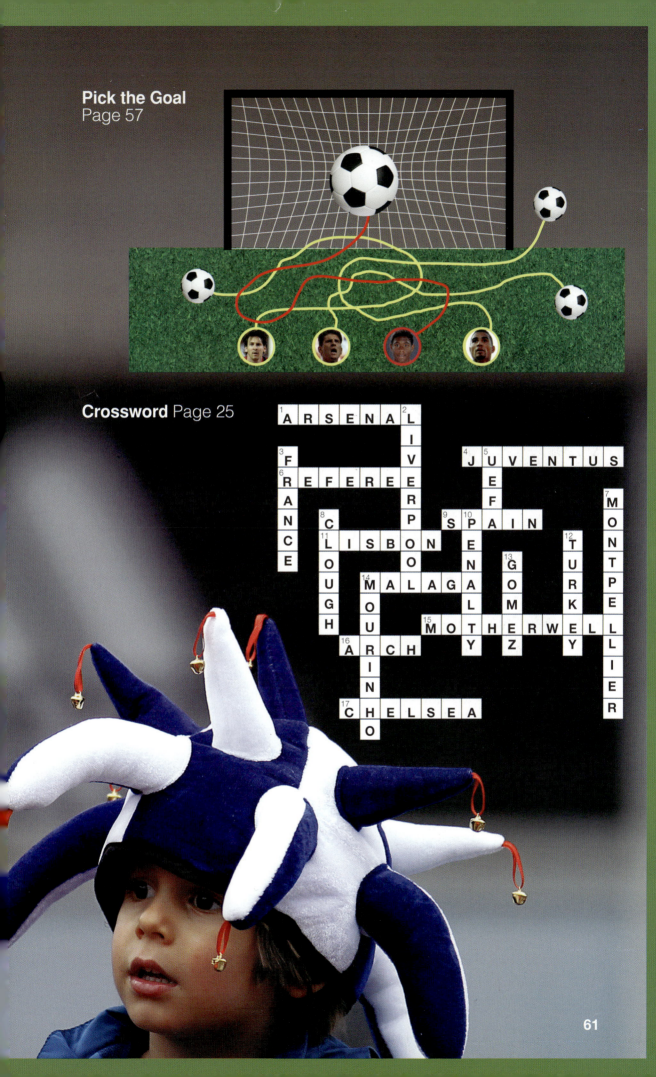

Crossword Page 25

	¹A	R	S	E	N	A	L	²L									
³F								I		⁴J	U	V	E	N	T	U	S
⁶R	E	F	E	R	E	E		V		E							
A								E		F							⁷M
N		⁸C					R	P	⁹S	P	A	I	N		¹²T		O
C		¹¹L	I	S	B	O	N	O	E						U		N
E		O					O	¹³G						R		T
		U	¹⁴M	A	L	A	G	A	L	G				K		P
		G	O				A	L	O	M				E		E
H		U	¹⁵M	O	T	H	E	R	W	E	L	L	Y		L	
	¹⁶A	R	C	H	I	Z							I
	R	I											E
	¹⁷C	H	E	L	S	E	A						R